D1443004

Gandhi

Gandhi
La fuerza del alma

Luisa Noguera Arrieta

Noguera Arrieta, Luisa
Gandhi / Luisa Noguera Arrieta. — Bogotá:
Panamericana Editorial, 2005.
128 p.; 21 cm. — (Personajes)
ISBN 958-30-1690-X
1. Gandhi, Mahatma, 1869-1948 2. India – Política y gobierno
3. India - Historia I. Tít. II. Serie.
923.254 cd 19 ed.
AJB7548

CEP-Banco de la República-Biblioteca Luis Ángel Arango

Editor
Panamericana Editorial Ltda.

Dirección editorial
Conrado Zuluaga

Edición
Mónica Montes Ferrando

Diseño, diagramación e investigación gráfica
Editorial El Malpensante

Cubierta: Mahatma Gandhi, 1947. © Getty Images / Hulton Archive • Photos Images

Primera edición, septiembre de 2005
© Panamericana Editorial Ltda.
 Texto: Luisa Noguera Arrieta
Calle 12 N° 34-20, Tels.: 3603077–2770100
Fax: (57 1) 2373805

Correo electrónico: panaedit@panamericanaeditorial.com
www.panamericanaeditorial.com
Bogotá D. C., Colombia

ISBN 958-30-1690-X

Impreso por Panamericana Formas e Impresos S. A.
Calle 65 N° 95-28, Tels.: 4302110–4300355, Fax: (57 1) 2763008
Quien sólo actúa como impresor.
Impreso en Colombia
Printed in Colombia

"Puesto que yo soy imperfecto y necesito la tolerancia y la bondad de los demás, también he de tolerar los defectos del mundo hasta que pueda encontrar el secreto que me permita ponerles remedio".

Gandhi

UNO

Mi inteligencia debió ser perezosa
y mi memoria novata.

—GANDHI

Gurajat, el estado occidental de la península de la India, parece haber sido especialmente bendecido por los dioses. Allí llegaban viajeros de tierras muy distantes, que a pesar de lo largo y tedioso de las jornadas en barco, eran atraídos por las maravillosas sedas y brocados que hábilmente tejían las gentes de este lugar.

La naturaleza quiso estar presente en todas sus manifestaciones y obsequió a esta región doradas playas y profundos mares, hermosas llanuras verdes, salpicadas de colinas, y un extenso desierto de arenas rojas y amarillas. En Ahmedabad, la que fue antigua capital de Gurajat, se conjuga la magia más pura de hindúes y musulmanes, en una mezcla entre medieval y moderna.

Hermosos templos dedicados a Brahma y a Mahoma conviven cerca, llenando el ambiente de paz y recogimiento. La leyenda dice que el sultán Ahmed Shah, gran aficionado a la cacería, se dio cuenta de que los conejos de allí, en lugar de huir aterrorizados de sus perros de caza, los desafiaban y, presintiendo que ésta era tierra bendita, el sultán fundó Ahmedabad en el año de 1411. Allí, en este hermoso Estado que alberga ciudades modernas y del siglo II a. C., que milagrosamente se mantienen aún en pie, nació el hombre que cambiaría para siempre el destino de la India, en una pequeña ciudad costera llamada Porbandar, en la península de Kathiawar.

Apenas amanecía el 2 de octubre del año 1869 cuando el hogar de una típica familia india se despertó con el llanto de un recién nacido. El hogar conformado por la joven Putlibai, su esposo, Karamchand Gandhi, y tres niños, se vio bendecido con un cuarto hijo, quien recibió el nombre Mohandas Karamchand Gandhi. Su padre era un hombre joven, dedicado a la política. Desde hacía algunos años había heredado el cargo de primer ministro, al servicio del rajá del pequeño reino que incluía a su ciudad natal. Sus funciones las había aprendido de su padre y las había perfeccionado con la práctica. Conservaba su trabajo, esperando que, según la tradición, alguno de sus hijos lo sustituyera al convertirse en hombre, de la misma manera que él lo había hecho al crecer.

Al recibir en sus brazos a su cuarto descendiente, amoratado por el frío, apenas esbozó una sonrisa, aunque en su interior el corazón daba brincos de alegría. Su duro carácter no le permitía expresar, a los ojos de los demás, todos los sentimientos que bullían en su interior. Toda su vida había sido reconocido como un hombre incorruptible, que había manejado los asuntos de su cargo con prudente reserva y eficiencia. No tuvo más educación que la que la experiencia le dio, pero se hizo una honorable reputación. A veces se entristecía por la distancia que interponía entre él y sus seres queridos; sólo él sabía cuánto amaba a su familia, y mostrarse cálido podría ser interpretado como debilidad, un lujo que no podía permitirse por el bien de sus hijos, quienes apenas comenzaban a moldear su carácter. Era imparcial y respetuoso con su clan, aunque debía reconocer que se enfurecía con facilidad, lo que hacía inevitable que sus seres queridos lo miraran con cierto temor.

Su familia pertenecía a la casta *vaishiya*, algo así como la clase media. Tenía varias propiedades en Porbandar, Rajkot y Kutiana, pequeñas ciudades vecinas. Se sentía orgulloso de su posición social, porque quería decir que en vidas anteriores había respetado los preceptos de su religión, a la cual honraba y seguía fielmente. Nunca se le ocurrió cuestionar sus mandatos, ni siquiera la desigual organización de castas que a él lo había favorecido, pero no así a muchos de sus paisanos que vivían en la más mísera de las miserias.

Este sistema permitía que convivieran en una misma ciudad, hasta en un mismo sector, manifestaciones de opulencia y de extrema pobreza. Se creía que la casta a la que se pertenecía tenía que ver directamente con el karma. Si en una vida anterior se había sido mala persona, lo correcto era reencarnar en los parias o intocables, el grupo más pobre, que debía dedicarse a las labores que nadie más querría realizar, y las posibilidades de mejorar su condición en esa misma vida eran prácticamente inexistentes.

Las castas no debían mezclarse unas con otras, ya que se incurriría en un grave pecado que se pagaría en una vida posterior. Los *brahmanes* o sacerdotes constituían la casta más alta y respetada; les seguían los *chatriya* o guerreros, luego los *vaishiya* o comerciantes, a la que pertenecía el clan de Karamchand, y por último estaban los *sudras*, que eran artesanos y campesinos. Los parias estaban por debajo del sistema de castas y eran llamados los intocables, ya que nadie debía siquiera acercarse a ellos. Para subsistir asumían las duras labores de obreros.

En sus horas de meditación, Karamchand se sorprendía pensando que la indolencia de los gobiernos frente a la lamentable situación de los parias era injusta, que algo se podía hacer para mejorar sus condiciones de vida, pero sus arraigadas creencias religiosas le hacían desechar estas ideas. Finalmente, no hacer nada por ellos era más beneficioso, ya que no se interfería con su crecimiento espiritual. Su única esperanza era reencarnar en una casta superior en una vida futura y sobrellevar ésta con paciencia y resignación.

La ciudad de Porbandar era un pequeño pueblo pesquero, visitado por infinidad de aves marinas. Gandhi se crió entre la calma de los pescadores, la belleza sobrecogedora del paisaje y las tradiciones que conservaban aún sus pobladores. Porbandar estaba alejado de la influencia europea que se había tomado las principales ciudades de India desde la ocupación inglesa. La península de Kathiawar estaba dividida en ciudades-Estado, gobernadas por rajás o *ranas*, autoritarios con sus súbditos y aduladores con los ingleses.

Putlibai, la madre de Gandhi, era una muchacha hindú analfabeta y muy devota, como la mayoría de las jóvenes de su edad. De acuerdo con la tradición, se había casado con Karamchand cuando apenas comenzaba a despedirse de la niñez; y de la protección de su padre pasó al dominio de su esposo. Había encontrado en él un muchacho bueno y responsable que, escondiéndose tras un rostro generalmente frío e inexpresivo, amaba profundamente a su familia. Sin embargo, Putlibai conocía su juego y enjugaba lágrimas de emoción al observarlo en las noches junto al lecho de sus hijos mientras contemplaba sus caritas sudorosas, dormidas bajo la calurosa oscuridad de Porbandar.

Karamchand y Putlibai fueron, al comienzo de su matrimonio, dos niños jugando a ser adultos. Vivieron en la misma casa de los padres de Karamchand, junto con sus hermanos y primos, mientras tuvieron los medios necesarios para vivir solos.

El temperamento profundamente religioso de Putlibai marcó la personalidad de su hijos, especialmente la de Mohandas, quien desde muy pequeño asistía a los servicios del templo en su compañía. De ella aprendió a no tomar sus alimentos sin elevar antes una plegaria y, poco a poco, fue adquiriendo el hábito del ayuno, por lo cual siempre se le vio más delgado y pequeño que los niños de su edad.

Gandhi aprendió los rituales propios del hinduismo, la más antigua de las religiones vivas. Hizo suyas las ceremonias que Putlibai le enseñó. Había una especial para cada momento del día: una para levantarse, otra para bañarse, una más para iniciar las labores del día, para comer, para dar gracias y para irse a dormir.

La literatura, el arte y el teatro que conoció en la escuela también reflejaban este espíritu religioso, lleno de silencio y de oraciones intimistas. En la India no hay una religión única. La influencia musulmana y el cristianismo, introducido por los ingleses, conviven a pesar de sus diferencias y esta mezcla de corrientes, que encierran una misma verdad espiritual, alimentaron el alma de Gandhi y lo prepararon para una gran labor a favor de sus hermanos indios.

Mohandas fue un niño tímido, que creció entre la estricta supervisión de su padre y la sumisa religiosidad de su madre. Muy niño ingresó a la escuela de Porbandar, donde no tuvo muchos amigos porque era retraído, delgado y pequeño, pero sobre todo temeroso. Al terminar sus clases corría de regreso a casa, mientras sus compañeros jugaban en corrillos y se divertían con inocentes travesuras. Sentía temor de hablar con los otros niños y los adultos lo intimidaban, al punto de sentir miedo de que se burlaran de él. Esto, obviamente, ayudó a que no se destacara en el estudio. Las tablas de multiplicar se convirtieron en su peor pesadilla, no por falta de capacidades, sino a causa de su enorme inseguridad. Su familia se trasladó pocos años después a la ciudad de Rajkot, y el cambio de ambiente pareció favorecerlo. Poco a poco, al ir creciendo, comenzó a tener amigos y a jugar en las calles. Descubrió el trompo y los globos de goma, pero siguió siendo obediente y callado. Había aprendido a ejecutar las órdenes de los mayores sin cuestionarlas. Sus calificaciones, por el contrario, no mejoraron. Gandhi fue, como él mismo lo dijo, "un estudiante mediocre".

Siguiendo las costumbres, a la edad de trece años, Gandhi se unió en matrimonio con Kasturbai, una chica de su misma edad, escogida por sus padres. Fue instruido por la esposa de su hermano mayor en lo concerniente a sus funciones como "hombre" de hogar. La nueva familia no tuvo que preocuparse por nada. Vivieron en la gran casa familiar en compañía de los primos y tíos de Mohandas. El mayor de los hermanos de su padre era el jefe de la familia, y sus decisiones se respetaban y acataban sin discusión alguna.

Iniciaron su vida de esposos con las rabietas propias de su edad. El joven Gandhi asumió la posición de esposo ejerciendo la única autoridad de la que se es capaz a los trece años: prohibir a Kasturbai, su esposa, que saliese a jugar fuera de la casa. Esto encolerizaba a la niña, que aprovechaba el menor descuido

Gandhi era melindrosamente limpio y muy bondadoso. Le gustaba atender a enfermos y débiles, pero no se preocupaba en cuidar de sí mismo. Su aspecto era muy delgado y parecía débil, pero tenía la fortaleza de acero del cuerpo y de la voluntad, propias de un hombre; era también de una dulce amabilidad y una suave ternura; firme pero acariciador, inexorable pero flexible, valiente pero manso. Tenía el poder de un dictador, pero la mentalidad de un demócrata y, por eso, por la extraordinaria combinación de cualidades masculinas y femeninas de su personalidad, prefería vencer con el afecto más que con la fuerza.

—Louis Fisher

para escaparse. Las discusiones eran frecuentes y les seguían prolongados períodos sin dirigirse la palabra.

Pronto Kasturbai descubrió la manera de defenderse de las imposiciones de su marido. Mohandas era demasiado delgado y pequeño para su edad, temía a los fantasmas, a las víboras y a los ladrones, y por ello, no se atrevía a salir de noche. La muchacha lo provocaba inventando salidas en la oscuridad, donde el viento y las sombras de la noche se hacían sus cómplices para burlarse de él.

Gandhi se sentía humillado e incapaz de defenderse. Envidiaba a los otros niños, todos más grandes y fuertes que él. Su mejor amigo, el musulmán Sheik Methab, decía que su debilidad radicaba en el hecho de no probar la carne, y poco a poco, fue tentándolo, hasta que Mohandas aceptó probar la carne de carnero. Las náuseas fueron inmediatas, y durante muchos días soñó con una oveja viva que balaba desesperada dentro de su estómago. Su amigo Sheik insistía en que la fortaleza de los ingleses que sometían a la India estaba precisamente allí, en el consumo de carne. Sin embargo, su religión lo prohibía, y además del asco que le producía, los remordimientos evitaron que volviera a probarla hasta muchos años después.

Pensó entonces que las caminatas y el ejercicio le ayudarían a crecer, y se fue aficionando a tan saludable práctica. Su aspecto no cambió, pero sí su capacidad física, que aumentó admirablemente. Podía recorrer enormes distancias sin fatigarse, y estos espacios de soledad le fueron llevando a la meditación y a la reflexión. Aunque su familia era profundamente religiosa y devota, Mohandas, quien asistía a todos los servicios religiosos, guardaba en su interior profundas dudas: no creía en Dios y se cuestionaba constantemente acerca de la creación del mundo. Escuchaba las conversaciones de su padre y sus amigos musulmanes y jainistas, que se reunían a discutir las diferencias de sus religiones con el hinduismo, y descubrió que encerraban un mismo principio, que también encontró después en el cristianismo.

Se sintió atraído por algunas corrientes del jainismo, que serían la base de su mentalidad futura. Los jainistas o "conquistadores", son aquellos que han logrado conquistar el amor y el odio, el placer y el dolor, el apego y la aversión, y por lo tanto, han liberado su alma del karma.

El jainismo es una religión del corazón; ofrece una tranquila forma de vida basada en la no violencia en todos los aspectos: mental, verbal y físico. Prohíbe el maltrato a cualquier forma de vida, bajo el precepto de la igualdad de almas, sin importar su forma física. Esto, especialmente, quitó a Gandhi cualquier idea de volver a consumir carne.

En esta etapa de su vida comenzó a esbozarse el gran hombre que llegaría a ser. Su relación con Kasturbai fue tranquilizándose, pues su paciencia y fortaleza mental crecieron tanto como su capacidad física, y algo más importante aún, logró transmitirlas a otros.

Con dificultad terminó su ciclo de educación básica y comenzó a pensar qué carrera profesional seguiría. Su padre se encontraba delicado de salud y había sido sometido desde hacía algunos años a costosos tratamientos médicos, que disminuyeron notablemente los recursos económicos de la familia. Gandhi soñaba con ser médico, pero esta circunstancia, más la oposición de su padre a la disección de cadáveres, guiaron a Mohandas hacia el Derecho.

> "Un país, una civilización, se puede juzgar por la forma en que trata a sus animales".
>
> —GANDHI

Su abuelo había sido primer ministro de Porbandar, cargo que desempeñaron luego su padre Karamchand y su hermano mayor, Tulsidas. Cuando Mohandas fuera profesional y Tulsidas se retirara, ese sería el cargo que ocuparía. Su padre falleció y la situación económica hizo menos viable que estudiara una carrera tan larga. Un amigo de la familia sugirió que viajara a Inglaterra, donde podría hacer un curso rápido de leyes. Dado que la India era ya una colonia inglesa, estudiar en Inglaterra favorecería su futuro desempeño político. La idea de viajar emocionó a Gandhi, no así a su madre y a su esposa Kasturbai. Temían que olvidara las costumbres de la India al conocer el mundo occidental, que se insinuaba apenas en las ciudades de la India. Sin embargo, su hermano Laxmidas ayudó con dinero para el viaje y lograron que Mohandas jurara, frente a un monje jaín, quien merecía todo su respeto, que mientras estuviera en Inglaterra se alejaría de las mujeres, el vino y la carne.

El joven estudiante, con diecinueve años cumplidos, se marchó a Southampton, Inglaterra, en el año de 1888, dejando a su madre y esposa llorosas, y a su hijo Harilal recién nacido.

Dos

Imperfecto como soy, comencé con hombres
y mujeres imperfectos, por un océano sin rutas.

—Gandhi

Gandhi se embarcó hacia Inglaterra desde Bombay, donde compró frutas y dulces suficientes para el viaje de quince días. Compró también ropa a la moda inglesa y se hizo un corte de cabello. Desde muy niño siempre quiso estar a tono con el entorno en que se encontraba, y en este viaje el esfuerzo fue mayor. Acoplarse a las frías costumbres inglesas, al refinamiento un poco exagerado de las maneras y a una alimentación a base de productos animales, requirió de una gran fuerza de voluntad.

Sin embargo, sus esfuerzos no se vieron recompensados, fracasó en su intento de convertirse en un "lord inglés" y de iniciarse en la música y el baile, pero logró mantenerse firme en su juramento de no comer carne. Llegó al punto de rechazar todo alimento que llevara huevo en su preparación y se aficionó a la cocina, experimentando con frutas y verduras hasta el momento desconocidas para él. Eliminó de su dieta las especias y condimentos, y descubrió que el sentido del gusto no se encuentra en la lengua, sino en el cerebro. Esta privación culinaria se veía ampliamente recompensada por el placer interior permanente, que comenzó a experimentar, proveniente del cumplimiento de su juramento.

Otras transformaciones se llevaron a cabo en esos largos meses que permaneció alejado de su familia y amigos. Su tránsito por el ateísmo llegó a su fin y estuvo ávido de experiencias religiosas. Unas señoras inglesas le enseñaron la *Biblia* y se sintió fascinado con el Nuevo Testamento, que le recordó las enseñanzas del *Bhagavad-Gita*, el libro sagrado de la India, del cual retomó la lectura, convirtiéndolo en su libro de consulta espiritual.

El *Bhagavad-Gita* es un hermoso libro que habla sobre las tristes consecuencias de la guerra, la inmortalidad del alma, la tarea de los seres humanos, el acercamiento a la verdad absoluta, la renuncia, la autorrealización y la salvación del alma. La vida y enseñanzas de Krishna, maravillosamente similares a las de Cristo, comenzaron a enraizar en Gandhi las convicciones y costumbres que crearon al Mahatma.

"Cuando me acosan las dudas y el desencanto me mira a la cara, me vuelvo hacia el *Bhagavad-Gita* y encuentro algún verso que me reconforta y vuelvo a sonreír en medio de un dolor agobiante".

—Gandhi

Mientras la vida espiritual de Mohandas se fortalecía, sus estudios escasamente se mantenían a flote. Mientras ganaba elocuencia hablando de Krishna, enmudecía en sus primeros alegatos y diligencias legales. Como una constante en su infancia y juventud, no logró destacarse tampoco en su vida universitaria y profesional.

Los tres años que permaneció en Inglaterra sólo significaron para Gandhi un peldaño que debía subir en la larga escalera de su vida. Fueron necesarios para conseguir una formación profesional, pero no tuvieron nada que ver con el proceso que iniciaría algunos años después.

Mohandas regresó a la India, siendo el mismo joven delgado e inseguro, tal vez mediocre y acomplejado, muy lejos aún del líder de millones de seres humanos que surgió a comienzos del siglo xx.

Al regresar a casa, Gandhi encontró que la vida le ofrecía una realidad que no fue de su agrado. Su madre había muerto hacía algún tiempo, pero no habían querido darle la noticia estando lejos, porque sabían cuánto habría de su sufrir por ello. Su hijo Harilal tenía cuatro años de edad, y eran seres extraños el uno para el otro. Su esposa Kasturbai estaba mucho más hermosa de lo que podía recordarla, y unos celos incontrolables se apoderaron de él, junto con cierto arrepentimiento por haberse alejado tanto tiempo, aun cuando no tenía motivo alguno para desconfiar.

Encontró además que el trabajo como abogado en las ciudades de Rajkot y Bombay no le ofrecía ninguna satisfacción personal. Era demasiado tímido para expresarse con propiedad en la sala de audiencias y con frecuencia delegaba en los colegas sus alegatos.

Deprimido e impaciente, descargaba en su esposa sus malos ratos, y las discusiones se hicieron frecuentes y enconosas. No lograba conectarse con su pequeño hijo, y cada día que pasaba, la distancia entre él y su familia se fue haciendo mayor. En lugar de buscar entendimiento, optó por enviarlos a casa de los padres de la joven, en la ciudad de Porbandar, aumentando el resentimiento de su joven esposa.

Huyendo de los juzgados consiguió, tiempo después, un trabajo como asesor jurídico del príncipe de Porbandar, a quien había conocido por casualidad en Londres. Su hermano, Laxmidas, estaba detrás de un cargo como primer ministro de un pequeño reino nativo, y pidió a Mohandas que interviniera a su favor con el rajá. A Gandhi esto le pareció un error y se sentía incómodo al utilizar sus influencias para conseguir un cargo que se ganaba con méritos, aunque éstos no le faltaran a su hermano. El rajá, molesto, le pidió que utilizaran los canales adecuados; sin embargo, imprudente y obstinado, Gandhi insistió en el tema, haciendo que su interlocutor le pidiera que se marchara. Insistió tanto que fue sacado a la fuerza por un guardia del palacio. Este incidente acentuó su aborrecimiento por las pompas de la realeza, el servilismo y la altivez de los gobernantes, dándole por fin una certeza. Supo, ahora sin ninguna duda, qué era lo que realmente no quería hacer con su vida. No quería ser un sumiso adulador de los pequeños gobiernos de Kathiawar, arrodillados y zalameros con los ingleses, y sintió una imperiosa necesidad de huir.

Una firma musulmana radicada en Porbandar le propuso trabajar por un año como abogado suyo en Sudáfrica. Gandhi quería abandonar nuevamente India. Habían pasado dos años desde su regreso de Londres y se sentía fracasado. Decidió probar suerte, aunque esto significó nuevamente alejarse de su familia. Kasturbai iniciaba su segundo embarazo.

Su primer litigio requería su presencia en Pretoria, y ya que la firma a la cual representaba era importante, fue enviado en tren, con billete de primera clase. Viajó de noche, solo en el vagón, hasta que un pasajero subió en una de las estaciones. Gandhi dormía, pero la entrada del viajero lo despertó. Era un hombre blanco, elegantemente vestido, que al ver al pequeño y moreno Mohandas salió de nuevo sin decir una palabra. Al poco rato llegó acompañado de un supervisor que ordenó a Gandhi que se moviera al vagón de equipajes. Al tratar de hacer valer sus derechos, enseñando su boleto de primera clase, Gandhi fue expulsado por un policía que lo arrojó con sus maletas al andén de la estación. Fue ésta la primera vez que sintió en carne propia las humillaciones que muchos de sus compatriotas sufrían a diario en el continente africano.

Sorpresivamente para él, esta experiencia no fue traumática, sino reveladora. Podría haber vuelto al tren y continuar el viaje ocupando el lugar que se le asignó en tercera, pero no se movió del andén, donde se quedó toda la noche a merced del frío y el viento, tiritando y meditando.

Muchos hindúes eran expulsados continuamente de los vagones de primera, y sumisamente continuaban el viaje sin una queja. No obró así Gandhi, para quien esta experiencia inició su cruzada en la lucha contra los prejuicios motivados por el color de la piel. Encontró una causa valedera, que le dio argumentos y lo llenó de valor y elocuencia. El poco tiempo que tenía programado pasar en Sudáfrica se convirtió en un período de veintiún años, durante los cuales aumentó su fortaleza moral e intelectual. Bajo su debilidad física se escondía una enorme

"¿Cómo eleva el hombre su condición, si no se eleva a sí mismo?".

—Gandhi

fuerza interior que sólo logró descubrir al ponerla al servicio de los demás.

Ya que su meta era mejorar las condiciones de vida de los hindúes en Sudáfrica, el recurso para lograrlo lo constituían ellos mismos. Organizó charlas con mercaderes musulmanes e hindúes, invitándolos a desechar sus malas costumbres, a decir siempre la verdad en sus trabajos y aprender inglés.

El gobierno inglés había abierto una oficina para solucionar los problemas de los hindúes en la ciudad de Transvaal, que no eran pocos. Los hindúes llegaban al continente en calidad de esclavos, por períodos de cinco años, para trabajar en plantaciones de azúcar, té y café. Al final del período debían regresar a la India o podían quedarse como trabajadores libres por cinco años más. El patrono pagaba su tiquete de regreso en ambos casos. El número de hindúes aumentó considerablemente, al igual que su capacidad económica, ya que eran trabajadores y ahorrativos. Esto inquietó a los ingleses, quienes modificaron entonces las leyes que permitían el ingreso y estadía de los hindúes en territorio sudafricano. La minoría blanca temía que los hindúes apoyaran a la comunidad negra como líderes, y comenzaron a presentarse manifestaciones de rechazo y discriminación. Lo que realmente preocupó a Mohandas fue la legalización de la discriminación con la silenciosa aceptación del hindú.

Gandhi entendió que lograr la igualdad legislativa supondría muchos años de trabajo, así que regresó a la India para recoger a su familia, que ya contaba con un nuevo integrante: su segundo hijo Manilal. Al llegar, comentó a quien quisiese escuchar sobre la penosa condición de sus compatriotas en Sudáfrica y los exhortó a poner fin a la discriminación. Esta actividad hizo eco en el continente negro y cuando regresó, acompañado por su familia, no les fue permitido desembarcar, ni a ellos, ni a los cerca de 800 compatriotas que llegaron casualmente en otra embarcación. Gandhi fue acusado de inundar el país de hindúes no deseados, aunque nada tuvo que ver con su llegada. Cuando finalmente permitieron el desembarco, Mohandas fue atacado por una muchedumbre hostil. La esposa del superintendente de la policía municipal intervino llevándolo sangrante y magullado a la casa de un amigo hindú suyo. La muchedumbre rodeó la casa, gritando amenazas, exigiendo la entrega del refugiado para lincharlo. Con la ayuda del superintendente, Gandhi logró escapar por encima de los tejados y se escondió durante tres días en la comisaría, mientras se calmaban los ánimos. Gandhi no quiso denunciar a sus atacantes, aun conociéndolos.

Dos años después, mientras la ciudad de Natal se encontraba inmersa en la guerra anglo-bóer, Gandhi se ofreció como voluntario con un grupo de hindúes, para dar primeros auxilios a los caídos en combate. Inglaterra había iniciado una guerra contra los colonos holandeses, llamados *bóer*.

Este enfrentamiento pasaba por su etapa más cruda, y aunque era necesaria la ayuda que Gandhi ofrecía, el gobierno se negó a aceptarla. Aun así, Gandhi, con sus propios recursos, preparó a su grupo y consiguió la dotación necesaria para asistir a los heridos y llevar a casa de regreso a los combatientes muertos. Con la paciencia que siempre lo caracterizó, esperó, y cuando el gobierno reconoció que los muertos y heridos aumentaban, aceptó que Mohandas y su grupo de enfermeros empíricos entrara en acción.

Gandhi era, hasta entonces, un hindú que se vestía como inglés. Usaba camisas blancas almidonadas, corbatas de rayas de vivos colores y sus zapatos resplandecían. Su trabajo como abogado le permitía vivir holgadamente y tener varias propiedades. Su vida era como la de tantos hindúes europeizados. Las costumbres blancas habían reemplazado a muchas de las tradiciones que aprendió en la infancia y nada parecía indicar que las cosas cambiarían.

TRES

Quien busque la verdad debe ser tan humilde como el
polvo. El mundo aplasta el polvo bajo sus pies, pero el que
busca la verdad, ha de ser tan humilde que incluso el polvo
pueda aplastarlo. Sólo entonces, y nada más que entonces,
obtendrá los primeros vislumbres de la verdad...

—GANDHI

En Sudáfrica nació su tercer hijo, Ramdás, en el año de 1897,
y pudo dedicarse a él como no le fue posible con sus hijos mayores. Disfrutó del cuidado y la crianza del nuevo bebé. Tanto
se apasionó con el tema, que después de leer el libro *Consejos*
a una madre estuvo en capacidad de asistir a Kasturbai en el
alumbramiento de su cuarto hijo, Devadas, en mayo del año
1900.

Al tratar de resarcir el tiempo de abandono que involunta-
riamente infligió a su familia, Gandhi, sin proponérselo, se
convirtió en un dolor de cabeza para Kasturbai. No sólo se en-
trometía en el cuidado de los niños y en la cocina, sino también
ofrecía constantemente su casa como hospedaje gratuito para
los desposeídos. Hacía las tareas domésticas para ellos y hacía
que Kasturbai colaborara también. Estaba completamente en
desacuerdo con el tratamiento que se daba a los descastados,
y por aquella época se le ocurrió hacer todas aquellas labores
"deshonrosas" por ellos y para ellos. La casa no contaba con
agua corriente; cada habitación tenía su orinal y Gandhi lo
retiraba con gusto cada mañana. Sin embargo, su esposa no

compartía esta demostración de humildad y bondad, y al sentirse obligada por su esposo a realizar una labor que no correspondía a su casta se iniciaron nuevamente los problemas entre ellos, hasta el punto de llegar a expulsarla de la casa en un arrebato de cólera.

Estos episodios, aunque aislados, contradecían la esencia profundamente humanitaria de Gandhi. Constituía una enorme contradicción el hecho de preocuparse tanto por sus semejantes y a la vez abandonar emocional y físicamente a su propia familia, aunque la razón fuese loable. Esto, simplemente, nos demuestra que Gandhi era un ser como cualquier otro, lleno de contradicciones.

Su interés por el prójimo comenzó a hacerse cada vez más evidente. Compró una granja de cien hectáreas cerca de la ciudad de Natal e instaló allí las prensas y la redacción del semanario *La Opinión Hindú* del cual era director. El periódico era su primer vehículo de comunicación con las masas de la India. Su familia pasaba temporadas tanto en Johannesburgo, donde Gandhi ejercía el Derecho; como en la granja, donde todos colaboraban con la edición del periódico y además cultivaban mangos y naranjas.

Fortaleció el hábito del ayuno e inició la búsqueda del alimento apropiado que mantuviera al ser humano y, a la vez, elevara su mente. Las comodidades que rodeaban su vida se fueron haciendo cada vez menos importantes. "El alma necesita desgraciadamente de una morada temporal, para lo cual una choza limpia puede servir tan bien como un palacio", afirmaba. Aquí se inició su camino hacia la renuncia de los placeres, no para mortificar el alma, sino para fortalecerla. La renuncia de Gandhi era el desinterés del amor.

Todos experimentamos momentos de identificación con alguien a través del amor. Gandhi fue tan afortunado que alcanzó esa identificación con millones de personas. A lo largo de su vida logró un alto grado de compenetración espiritual con sus adeptos e incluso con sus detractores, quienes podían resistirse a lo que hacía, pero no a quien era.

Entre sus muchas renuncias, Gandhi decidió también abandonar el sexo. Ya había rondado por su cabeza en varias oportunidades la idea de ser casto; de hecho, Kasturbai y él dormían en camas separadas. Sin embargo, tras cortos períodos de abstinencia, sucumbía a su instinto. Un acontecimiento en particular logró concretar lo que su falta de voluntad le impedía. Durante la agonía de su padre, Gandhi no se separó de su lecho de enfermo; pero la última noche, viendo a su padre dormir, sintió la necesidad de refugiarse en los brazos de Kasturbai y precisamente esa noche, mientras buscaba consuelo en su esposa, su padre falleció. Siempre se reprochó no haber sostenido su decisión en el momento final. Gandhi se mantuvo casto desde 1906, cuando contaba treinta y siete años, hasta el momento de su muerte en 1948.

La castidad o *brahmacharya* es muy común en la vida de los hindúes. Después de haber conformado una familia, entre los cuarenta y cinco y cincuenta años, es frecuente que los hombres tomen esta opción, pero es muy raro que lo hagan a una edad tan temprana como lo hizo Gandhi. Las razones pudieron ser varias: tal vez pensaba que ya había cumplido su deber al tener cuatro hijos, aunque hubiese podido sostener a muchos más, porque vivían en una granja y cultivaban su propio alimento. Otra razón posible era el estado de salud de Kasturbai, una mujer delicada y anémica que se había visto afectada por sus cuatro alumbramientos. Esta situación habría puesto a Gandhi entre la infidelidad o la castidad, pero su motivación había sido exclusivamente espiritual.

La *brahmancharya* es la búsqueda de Brahma o Dios. Significa el control de los sentidos en todas las situaciones y todos los lugares, en el pensamiento, en la palabra y en la acción. Incluye, pero va mucho más allá, la abstinencia sexual voluntaria. Es la moderación absoluta, la exclusión de la violencia y de todo sentimiento negativo. Es la ausencia de deseos y trae la serenidad. En este proceso de renuncia es muy fácil dejar los lujos, las comodidades y los festines. Lo verdaderamente difícil, decía Gandhi, es renunciar al yo. Gandhi tuvo el valor de abandonarlo también.

"Renuncia solamente a una cosa cuando quieras tanto otra que la anterior ya no te atraiga, o cuando interfiera con lo que más deseas".

—Gandhi

La vida casta y sencilla de Gandhi avivó su deseo de trabajar por el bien común, por los derechos de sus semejantes disminuidos y por la dignidad de su pueblo, sometido por los ingleses. Cuando se conoce la fe, el renunciamiento no es un sacrificio, sino un placer. Algunos donan bienes; Gandhi se donó a sí mismo. Apartó de su vida todo aquello que podía distraerle de su causa, de su ideal. Esta decisión libre y desinteresada hizo que la gente confiase más en él. Esta fue su recompensa. Con la fuerza de su gente nació el nuevo Gandhi, el que se enfrentaría al gobierno sudafricano, buscando la dignificación de los cientos de hindúes que tenían su vida y sus esperanzas fincadas allí.

Cuatro

La fuerza del alma nunca aprovecha las debilidades del
adversario, ni forma alianzas poco naturales.

—Gandhi

La vida política de Gandhi buscaba la reivindicación de los derechos de los hindúes residentes en Sudáfrica. Lo que para otros era un movimiento político, para Gandhi era un movimiento religioso. Su religión lo hacía político y su política era religiosa.

Todo aquello que Gandhi logró en el África y en la India a favor de sus iguales se debió a una fuerza cuyos resultados eran irrefutables. De la palabra *satya*, que significa verdad, un atributo del alma, y *agraha*, que significa firmeza, Gandhi formó la palabra *satyagraha* que puede traducirse como "la fuerza del alma", y este concepto abanderó su lucha. La *satyagraha*, según palabras de Gandhi, es la reivindicación de la verdad, sin causarle sufrimiento al adversario. La *satyagraha* cree en la bondad de todo ser humano. Hasta el más vil esconde en su interior la semilla de la bondad, sólo hay que ayudarla a germinar.

Para agosto de 1906, el gobierno de Transvaal hizo efectiva una nueva ley que obligaba a todos los hindúes, hombres, mujeres y niños mayores de ocho años a inscribirse en un registro oficial que incluía su huella dactilar. Quien no lo hiciese podría ser multado, encarcelado o deportado. Para Gandhi esta ley constituyó un insulto a los hindúes y a la India, y los invitó a rebelarse contra ella, poniendo en práctica la *satyagraha*.

Gandhi fue encarcelado durante dos meses por sus movimientos de oposición a la ley. Le propusieron entonces derogar la ley bajo la condición de que los hindúes se inscribieran voluntariamente. Gandhi aceptó y fue liberado. Sin embargo, a su regreso a Johannesburgo encontró un grupo de manifestantes que se oponía a su decisión y no entendía por qué había aceptado, si el mandato de inscripción seguía vigente. ¿Qué pasaría con aquellos que no se acogieran? ¿Serían sometidos a los castigos anunciados?

"Aun una política equivocada se vuelve correcta si nos mantenemos fieles a nosotros mismos".

—Gandhi

"Aunque tal disposición del gobierno parezca intransigente, encierra una poderosa razón que ahora entiendo", explicaba Gandhi, "la inscripción tiene por finalidad impedir que los hindúes entren ilegalmente al Transvaal. La colaboración dada libremente ennoblece; la eliminación de la obligatoriedad indignado y amenazó con matar al primero que pidiera la inscripción. Gandhi respondió que sería el primero en inscribirse, y que morir a manos de un hermano no sería motivo de dolor. El manifestante cumplió su promesa y lo atacó cuando se dirigía a la oficina del registro. Afortunadamente no logró su cometido y fue encarcelado. Gandhi pidió su liberación y perdonó su impulso, argumentando que aquel hombre creía estar obrando bien. Al reponerse del ataque, Gandhi se inscribió y muchos hindúes siguieron su ejemplo. Sin embargo, como lo habían temido todos, menos él, los ingleses no cumplieron su promesa de derogar la ley de inscripción obligatoria. Entonces más de 2 mil hindúes se congregaron en la mezquita de Hamidia en Johannesburgo y quemaron sus certificados de inscripción. Desde entonces, la oficina de Gandhi se convirtió en el cuartel general del movimiento *satyagraha*.

Los hindúes no podían ya trasladarse de una población a otra sin portar su documento de inscripción. Aun así, varios compatriotas pidieron a Gandhi que les permitiera desafiar la prohibición de inmigración, circulando sin certificados. Gandhi escogió algunos de ellos, incluido su hijo Harilal, para que se presentaran en el puesto fronterizo y trataran de entrar. Todos fueron arrestados; también Gandhi. En prisión, se convirtió en cocinero de sus 75 compañeros; desempeñó labores que le debilitaron físicamente y se ofreció a limpiar las letrinas. Este era su camino hacia la felicidad: sacrificarse en nombre de su religión y de su país.

Pronto las cárceles sudafricanas se vieron atestadas de hindúes indocumentados. La noticia recorrió el mundo y los británicos se vieron en la necesidad de abolir la ley. El mundo comenzó a conocer al pequeño hindú, imagen misma del desamparo pero dueño de una insólita fuerza interior, ante el cual vacilaban las mismas autoridades. Esta fue la primera batalla que Gandhi ganó con su resistencia pacífica.

Gandhi permaneció en Sudáfrica por veintiún años, durante los cuales su política de dignificación de los hindúes en el continente negro fue tomando forma.

"Un *satyagraha* debe estar más concentrado en su propósito, que un hombre que baila sobre la cuerda floja".

—GANDHI

Miles de adeptos hindúes se sumaron con el tiempo; simpatizantes ingleses y de otras nacionalidades hicieron lo mismo. Uno de ellos fue el escritor ruso León Tolstoi, con quien Gandhi mantuvo correspondencia durante un año, dada la similitud de pensamiento que los unió, aunque sus temperamentos eran opuestos. Mientras Gandhi era modesto, simple y natural, Tolstoi tenía un fuerte carácter; a Gandhi lo guiaba la serenidad religiosa, a Tolstoi la controversia ideológica.

Igual que Gandhi, Tolstoi fue víctima de la contradicción entre su vida y sus convicciones morales. Estaba convencido de que la salvación sólo podía encontrarse en Dios. Su misma fe lo llevó a rechazar las instituciones y creencias de la iglesia rusa y a fijar como ideal de vida la pobreza voluntaria y el trabajo manual. Intentó renunciar a sus bienes, pero la resistencia de su familia se lo impidió. Esta enriquecedora amistad se vio truncada por la muerte del escritor en 1910.

En prisión Gandhi conoció el *Tratado de Desobediencia Civil* de Henry David Thoreau, escritor y filósofo estadounidense, del cual obtuvo las enseñanzas que cimentaron su política pacifista. Thoreau, al igual que Gandhi, se había negado en su momento a cumplir aquellas normas del gobierno que consideraba injustas. Alguien, al otro lado del mundo y con varios años de anticipación, había visto el mismo horizonte.

En 1910 Gandhi fundó en Sudáfrica la Granja Tolstoi, cerca de la ciudad de Durban. Era un proyecto autosuficiente, donde se albergaron muchísimas personas que cultivaban la tierra. Fabricaban sus propios muebles y sandalias y cooperaban unos con otros en el cuidado de los niños. La alimentación fue exclusivamente vegetariana, estaba prohibido fumar y consumir café. Se convirtió en el hogar de las familias de los rebeldes encarcelados y de éstos mismos, cuando cumplían su sentencia, antes de incurrir en una nueva desobediencia que los llevase a la cárcel otra vez. La población de la granja variaba según la cantidad de *satyagrahas* encarcelados, que a veces superaba el centenar. Allí los niños recibían la educación básica, y los hombres y mujeres aprendían algún oficio para suplir las necesidades de la comunidad.

El gobierno inglés seguía poniendo trabas a la población hindú. Aunque habían prometido suprimir el impuesto de tres libras que cobraban a los ex esclavos para permanecer trabajando en Sudáfrica, los patronos ingleses se negaron a hacerlo, y a esta imposición se sumó una más arbitraria: sólo se considerarían legales los matrimonios católicos, así que se anularon los enlaces contraídos por hindúes, musulmanes y *parsis*, y las esposas de estos hombres fueron consideradas concubinas, incluida Kasturbai. Esto, obviamente, indignó a un enorme número de mujeres, que se unieron al movimiento de desobediencia civil, esperando ser encarceladas. Sin embargo, el gobierno no las arrestó, previendo críticas de la comunidad internacional por llevar a la cárcel un grupo tan numeroso de mujeres. Obedeciendo instrucciones previas, éstas visitaron las minas de carbón de Newcastle e incitaron a los obreros hindúes a declararse en huelga. Este acto rebelde no podía pasar inadvertido, y fueron condenadas a tres meses de prisión. Esto hizo que la huelga se extendiera y los propietarios de las minas cortaron los servicios de agua y luz de las viviendas que ocupaban los trabajadores, quienes abandonaron entonces sus hogares y durmieron a la intemperie. Pronto fueron más de 5 mil personas las que se encontraban en estas condiciones. Gandhi no sabía qué hacer con ellos ni cómo alimentarlos. Telegrafió al general Smuts, a quien conoció mientras fue enfermero voluntario en la guerra bóer, ofreciéndole hacer que los hombres se reintegraran a las minas si eliminaban el impuesto de las tres libras, pero recibió una descortés respuesta de su secretario, informándole que el general Smuts no quería tener nada que ver con él y que podía hacer lo que quisiera.

Ante la imposibilidad de llevar a estas personas a la cárcel, donde podrían guarecerse mientras se lograba un acuerdo, Gandhi se propuso ir de Natal a Transvaal, y si allí también les negaban la entrada a prisión entonces los llevaría a la Granja Tolstoi, en un viaje que les tomaría ocho días caminando treinta kilómetros diarios. Organizó la entrega de alimentos en diferentes paradas y aconsejó a los menos fuertes que desistieran de la jornada. Hombres, mujeres con sus niños en brazos, jóvenes y pequeños, todos descalzos, emprendieron la marcha después de rezar y encomendarse a Dios. Las órdenes de combate eran: no resistirse al arresto, no resistirse a los azotes de la policía y comportarse en forma higiénica y moral. La muchedumbre estaba compuesta por personas de diferentes poblaciones que vestían diferentes indumentarias; algunos hablaban *tamil*, otros *telegu, gujarati, hindi* u otros idiomas de la India. Gandhi fue arrestado y debieron seguir sin él. En la ciudad de Balfur fueron detenidos y subidos a trenes que los llevaron de regreso a las minas de Natal. Sin embargo, todos se resistieron a volver al trabajo y los esclavos que se encontraban allí se unieron a la huelga. Los soldados dispararon y hubo varios muertos y heridos. La noticia fue telegrafiada a la India, donde causó gran indignación. Lord Harding, el virrey británico violó la regla de no intromisión y exigió a las autoridades sudafricanas que se formara una comisión investigadora. El 18 de diciembre de 1913, Gandhi y otros caudillos apresados fueron puestos en libertad, lo cual lo decepcionó profundamente, pues según afirmó luego, "el movimiento de desobediencia civil debidamente conformado, no necesita caudillos".

El gobierno conformó una comisión de investigación de las quejas hindúes, con la cual Gandhi no estuvo de acuerdo, pues sostenía que sus integrantes no eran imparciales. Abandonó su vestimenta occidental en señal de duelo por los huelguistas muertos y adoptó el taparrabos, la camisa blanca y las sandalias. Al negarse el gobierno a cambiar a los integrantes de la comisión, Gandhi organizó una nueva marcha de protesta el 31 de diciembre de 1914. Ante esta amenaza, todos los empleados blancos de los ferrocarriles se declararon en huelga. Gandhi canceló la marcha.

El general Smuts aceptó entonces sentarse a conversar con Gandhi, y luego de seis meses de negociaciones llegaron a un acuerdo, según el cual el impuesto de tres libras que debían pagar los trabajadores libres provenientes de la India y otros países asiáticos, quedaba anulado. Los matrimonios hindúes, musulmanes y parsis se declararon nuevamente válidos y los hindúes nacidos en Sudáfrica podían entrar a la colonia del

Cabo. Sin embargo, seguía prohibido el libre tránsito entre provincias de la Unión. Gandhi llamó a la nueva ley *Carta Magna de los Hindúes de Sudáfrica*. Aunque seguirían, de alguna manera, presos en Transvaal, se reivindicaba el principio de igualdad y se eliminaban las "marchas raciales". "Esta victoria es una fuerza, que de hacerse universal, revolucionaría los ideales sociales y eliminaría los despotismos y el creciente militarismo, bajo cuya presión gimen las naciones de Occidente", escribió en *La Opinión Hindú*.

Cansados pero felices, Gandhi y Kasturbai se embarcaron hacia Inglaterra el 14 de julio de 1914. Antes de partir envió de regalo al general Smuts unas sandalias de cuero que había hecho en la cárcel.

El general las usó durante un tiempo y luego se las devolvió con una nota que decía: "He usado estas sandalias durante muchos veranos, aunque no me considero digno de calzarme las mismas sandalias que ha usado un hombre tan grande".

Para Gandhi era el momento de regresar definitivamente a su amada India.

Cinco

Ganamos justicia más rápidamente,
si hacemos justicia a la parte contraria.

—Gandhi

A su regreso a la India en 1915 lo esperaba una muchedumbre apasionada con su forma de vida y filosofía. Los mítines eran muy concurridos, y al aparecer en público siempre lo recibían gritando *¡Mahatmaji!*, *¡Mahatmaji!*; Mahatma quiere decir "Gran Alma" en sánscrito, título que le concedió Rabindranath Tagore, escritor hindú, Premio Nobel de Literatura de 1913. El sufijo "ji" indica afecto y respeto. Tagore y Gandhi fueron los hindúes más destacados del siglo xx; los unió una entrañable amistad y el ideal de una nueva India, libre de las cadenas que ella misma se había forjado.

Casi dos siglos duró la ocupación inglesa, pero los hindúes mismos se plegaron a su dominio, abandonando, poco a poco, sus costumbres y sus labores, empleándose en plantaciones y fábricas, dejando a un lado los tejidos y artesanías en las que ya muy pocos trabajaban.

"Ustedes quieren un gobierno inglés, sin los ingleses. Quieren el temperamento del tigre, sin el tigre. Quieren hacer inglesa a la India y ese no es el *swaraj* (autonomía) que yo quiero".

—Gandhi

Gandhi no denigraba ni atacaba a los ingleses. Soñaba con una India libre, diferente a la India inglesa, que enalteciera sus raíces, sus lenguas, sus credos.

Los hindúes, sin embargo, soñaban con parecerse al Japón, con su flota y su armamento, y su único objetivo era expulsar a los ingleses a como diera lugar. Gandhi miraba más allá de la libertad nacional. Quería la libertad social. Aborrecía el sistema de castas, la desigualdad, la sumisión, la pobreza consentida y la falta de carácter. Sostenía que no importaba realmente la nacionalidad de los gobernantes, sino su moral y sus métodos.

Divulgó estas ideas durante su primer año en la India. Aunque le habían advertido que pasara ese año "con los oídos abiertos y la boca cerrada", habló en muchas de las reuniones a las que fue invitado en agradecimiento por su labor con los hindúes en Sudáfrica. Pero los decepcionó, porque no mostró la fuerza que muchos imaginaban. Habló con voz débil, conversacional. Todos esperaban al gigante, al león que había vencido a Smuts, y encontraron a un hombre menudo, débil y casi apocado, con un taparrabos como única indumentaria. Pero esta era solamente una más de sus estrategias.

> "¿Cómo puede llegar al corazón de los campesinos un dirigente que luce pantalones y chaquetas hechos en Bond Street o en Bombay? ¿Cómo pueden conmover sus corazones oradores que hablan en inglés?".
>
> —Gandhi

Los políticos hindúes estaban en desacuerdo con la política de Gandhi. El congreso indio buscaba inducir a los ingleses a transferir parte de su poder a la naciente clase dirigente de la India. ¿Para qué entonces llegar a los campesinos? Se vestían a la moda inglesa y redactaban sus comunicados en un inglés perfecto. Otros, en cambio, en ciudades como Bengala, ponían sus negras y grandes manos en la tarea de matar a tiros a los burócratas ingleses.

Todos estaban equivocados. La libertad que buscaba Gandhi no se conseguiría con el terror ni con las súplicas. "Nuestra salvación", decía, "sólo podrá provenir del agricultor". Estaba seguro de que la gran masa campesina sería la que obraría el cambio. La elevación de los pobladores de las aldeas sería su primera tarea y la primera libertad que lograría. La pobreza no se eliminaría gracias a la clase alta y definitivamente no sería regalo de un blanco rey lejano. Más del 80% de la población era analfabeta y vivía en la miseria. ¿Quién podría entonces sacarlos de allí? Únicamente ellos mismos.

Qué difícil tarea había echado sobre sus hombros. ¿Cómo llegar a los millones de campesinos dispersos en una vasta zona carente de medios de comunicación y de transporte? Se dice que, afortunadamente, los oídos del hindú son grandes y sensibles. En 1916 comenzaron a escuchar sobre un hombrecillo que amaba a los pobres y los defendía de los ricos. Millones de habitantes de la India no lo conocían aún, pero la fama del nuevo Mahatma se estaba extendiendo.

Gandhi se recogió cerca de la ciudad de Ahmedabad en su *ashram*, refugio religioso de los monjes. El *ashram* consistía en un conjunto de chozas blancas y pequeñas, dentro de un bosque de frondosos árboles, un ambiente recogedor y místico, que invitaba a la meditación. Pero muy cerca de allí se amontonaban, retorcidas y endebles, masas de viviendas de los barrios humildes que respiraban las negras humaredas provenientes de las chimeneas de las fábricas de tejidos de Ahmedabad, cuyos propietarios financiaban el *ashram*. Gandhi vivió en su celda de dos metros cuadrados durante dieciséis años, exceptuando los períodos pasados en prisión, que no fueron pocos. Los pobladores de esa aldea cuidaban de los árboles frutales, tejían, sembraban cereales y se formaban bajo la doctrina de Gandhi, para luego ser multiplicadores suyos en poblaciones vecinas.

El pacifismo de Gandhi, así como su filosofía social, crecían lentamente. En su proceso de encontrar la verdad se vio de frente muchas veces con la contradicción. Tenía el valor de ser consecuente consigo mismo hoy y diferente mañana. Durante la Primera Guerra Mundial (1914-1919) exhortó a los hindúes a apoyar el esfuerzo bélico de los ingleses y reclutó hombres en la ciudad y en el campo para unirse al ejército inglés. Muchos reaccionaron en contra. ¿Cómo era posible pregonar la no violencia engrosando las filas de un ejército ajeno?

"Se nos considera un pueblo cobarde. Si queremos liberarnos de ese reproche, debemos aprender a usar las armas".

—GANDHI

Gandhi quería que la India fuera un país como Australia o Nueva Zelanda. La idea de una separación total no era todavía de su agrado. Sus roces con los ingleses no habían comenzado, porque era ignorante aún de la realidad de las más lejanas y desprotegidas poblaciones.

En 1916 recibió en el *ashram* la visita de un campesino que le suplicaba ir con él hasta su aldea, al pie del Himalaya, en el estado de Bihar, donde los problemas con los terratenientes ingleses eran ya insostenibles. Gandhi se negó a ir, pues tenía compromisos en otros lugares. El campesino no se separó de él durante meses, esperando el momento en que pudiese acompañarlo. Gandhi, sorprendido por su tenacidad, lo citó varios meses después en la ciudad de Calcuta, prometiendo viajar con él a Champaran, la aldea que necesitaba de su ayuda.

Encontró que más de un millón de campesinos cultivaban tierras arrendadas a los ingleses. Podían cultivar lo que quisieran, pero en el 15% de sus campos debían sembrar añil y pagar con esa cosecha a los propietarios de la tierra. La industria tintorera, sin embargo, ya no requería de estas cosechas, porque la industria alemana había logrado obtener añil sintético, por lo cual los terratenientes no estaban ya interesados en este trato e impusieron un aumento del arrendamiento que perjudicó a los campesinos. Al no poder cobrarles tomaron medidas coercitivas: apalearon a los campesinos, saquearon sus casas y se llevaron sus animales. Esta situación se venía presentando desde hacía cuatro años y los campesinos habían tenido que someterse.

Un día en que Gandhi realizaba una visita a las parcelas fue detenido por un guardia inglés que le ordenó salir inmediatamente de Champaran. Al negarse, fue citado ante un tribunal. A la audiencia asistieron miles de campesinos que habían oído decir que un Mahatma había llegado para ayudarles y se encontraba en dificultades con las autoridades. Gandhi se declaró culpable de desobedecer una acción legal y, finalmente, por órdenes superiores, fue dejado en libertad. La *satyagraha* había triunfado por primera vez en la India. "Declaré que los ingleses no podían darme órdenes en mi país", explicó, "pero no es un desafío a los ingleses, sino un esfuerzo por aliviar la miseria de la gente pobre".

Permaneció en Champaran durante siete meses y logró que los terratenientes no aumentaran los arriendos y devolvieran el 25% de los ya recibidos. Kasturbai lo acompañó este tiempo, instruyendo a las mujeres en las normas de higiene. Llevó también un médico para atender a los campesinos y profesores que instruyeron a los niños.

Un grupo de abogados hindúes llevó a Charles Freer Andrews, un misionero pacifista inglés, seguidor de Gandhi, quien se ofreció a colaborar para proteger a los arrendatarios de toda molestia. "Si ustedes creen que en esta lucha desigual, sea útil tener de nuestra parte a un inglés", reprochó a los abogados, "sólo están demostrando la debilidad de sus corazones. La causa es justa y sólo debemos confiar en nosotros mismos".

Gandhi insistía en la reivindicación de su pueblo, porque confiaba en la adaptabilidad de los ingleses. Si India demostraba con su disciplina interior, su unidad y su dignidad, que merecía una libertad mayor, estaba seguro de que Inglaterra se la concedería. Desde 1858 los ingleses estaban en la India. Muchos funcionarios británicos prestaron sus servicios durante años y se sentían allí como en su propio país. Solucionaban difíciles problemas y trataban con gente complicada. Aun así, su labor nunca era reconocida por los hindúes, para quienes su sola presencia constituía una humillación.

La situación económica de los hindúes comenzó a cambiar al iniciarse el siglo XX. Apareció una clase media que presionó la libertad de acción económica. Ante esta amenaza un grupo de políticos británicos propuso afrontar la oposición hindú, mientras otros insistían en frenarla con reformas. Previendo problemas mayores, se creó entonces el Congreso Nacional Hindú. Sin embargo, entre más concesiones hacía Inglaterra, más le pedían, por lo que los intransigentes elevaron sus protestas, aplastando nuevamente las esperanzas de los hindúes.

Gandhi se sintió desencantado y, al volver las medidas represivas de tiempos de guerra, emprendió su primera acción deliberada en contra de los ingleses.

SEIS

*En cuanto alguien comprende
que obedecer leyes injustas es contrario
a su dignidad de hombre,
ninguna tiranía puede dominarle.*

—GANDHI

Al terminar la Primera Guerra Mundial en 1919, los hindúes esperaban la restauración de algunas libertades civiles que habían sido ganadas con anterioridad. Sin embargo, parecía que el gobierno inglés actuaba a sus espaldas. Tribunales secretos habían estado condenando a la gente en todas las ciudades de la India por sedición y oposición, y entraron en vigencia las Leyes Rowlatt, que daban a las autoridades coloniales británicas plenos poderes para hacer frente a las llamadas actividades subversivas. El movimiento de la *satyagraha* ya se había extendido por toda la India ganando millones de adeptos y la respuesta de Inglaterra fue más represión.

Considerando esta política como injusta, destructora del principio de la libertad y de los derechos fundamentales del individuo, Gandhi organizó marchas y protestas que fueron reprimidas. En un sueño se le ocurrió entonces convocar a toda la India a un *hartal* general. El *hartal* se entendía como una suspensión total de la actividad económica. Cesó el trabajo en las fábricas, cerraron los bancos, los muelles se congestionaron con los barcos sin descargar. Gandhi realizó, simultáneamente, una campaña de *satyagraha* resistiéndose a las limitaciones de las Leyes Rowlatt y a la violación de los derechos civiles.

El *hartal* tuvo un éxito enorme, pero Gandhi había subestimado la tendencia de su pueblo a la violencia. En las grandes ciudades el cese de actividades laborales fue acompañado por saqueos, incendios, desmanes y agresión a los ingleses, actos que contradecían completamente su filosofía. Tuvo que ordenar el fin de la campaña reconociendo su error.

La peor manifestación de violencia amparada en las Leyes Rowlatt fue la masacre de Amritsar, centro religioso situado a 380 kilómetros al noroeste de Nueva Delhi, donde se encontraban más de diez mil personas escuchando la alocución de su líder. Cincuenta soldados ingleses, al mando del general Dyer, abrieron fuego contra los manifestantes, sin siquiera una alerta para que se dispersaran, ya que el solo hecho de que se encontraran reunidos era considerado ilegal. Murieron 379 personas desarmadas y cerca de un millar resultaron heridas. La comisión que investigó esta masacre resumió los hechos con la siguiente frase: "Se trató, desgraciadamente, de una concepción errónea del deber".

La indignación se hizo general; Gandhi y los *satyagrahas* respondieron con un boicoteo extendido a cualquier actividad inglesa en territorio indio. El gobierno inglés trató de resarcir el daño, ofreciendo varios ministerios provinciales a los hindúes y prometiendo el inicio de una "nueva era".

Gandhi agradeció este gesto y confiado, aconsejó a sus seguidores cooperar nuevamente con las actividades económicas del gobierno inglés.

La autoridad de Gandhi aumentaba cada vez más. No sólo los campesinos y los pobres veían en él un líder. Al pertenecer a la clase media hindú, también sus compatriotas, inmersos en la política, se habían adherido a su causa. Los mítines se veían cada vez más concurridos por gente influyente que tenía voz y voto en el congreso indio, y Gandhi se sintió respaldado.

Sin embargo, la inconsistencia del imperio lo defraudó nuevamente. El gobierno exoneró al general Dyer, y aunque no comulgó con sus accio- "Confiar es una virtud; es la debilidad nes, tampoco impuso medi- la que engendra la desconfianza". das contra el "dyerismo".

—GANDHI

Por otra parte, los musulma- nes estaban cada vez más furiosos con Inglaterra por las medidas adoptadas contra su pueblo, ya que el ideal de Gandhi fue también unir a musulmanes e hindúes. Decretó, en solidaridad con ellos, volver a la no cooperación, y en su corazón se dio el cambio del afecto al repudio contra el imperio británico. Confiaba en que de sostener consistentemente la no cooperación, la autonomía llegaría al cabo de un año.

La respuesta de su pueblo fue inmediata: centenares de hombres influyentes abandonaron los tribunales ingleses, la juventud universitaria dejó las aulas, los profesores y estudiantes se fueron a los pueblos a instruir a los más pobres y a promulgar la no cooperación, invitándolos a no pagar impuestos. Dejaron de consumir los productos ingleses, especialmente el licor, que representaba uno de sus mayores ingresos.

Gandhi inició una larga correría por todas las poblaciones, insistiendo en la no cooperación. No se amilanó por el calor, las lluvias, los trenes atestados de gente y la escasez de recursos económicos. A dondequiera que llegaba, era recibido como un santo; todos querían escucharlo y verlo. Era venerado, incluso por los musulmanes, quienes se vieron favorecidos con sus campañas en contra de la discriminación.

Invitaba a sus seguidores a despojarse de toda vestimenta inglesa y quemarla frente a sus ojos. Los convenció de que el hilado diario era un "sacramento" que orienta el pensamiento hacia Dios. Muy pronto ya nadie usaba ropa extranjera y todos comenzaron a vestir ropas tejidas y confeccionadas por ellos mismos.

> "Si la India adopta la doctrina de la espada, podrá obtener la victoria momentáneamente, pero entonces dejará de enorgullecer mi corazón".
>
> —Gandhi

Sin embargo, pasó más de un año y los resultados prometidos no se veían. Los seguidores del Mahatma comenzaron a exigir acciones contundentes.

Su amigo Rabindranath Tagore le había advertido que el fuego que había consumido la ropa de sus seguidores podría también alcanzar su corazón y Gandhi tenía miedo. Su repudio de la violencia lo invadía hasta el fanatismo, pero necesitaba el movimiento nacionalista de su pueblo, que ya se estaba impacientando.

En la sesión anual del Congreso, en diciembre de 1921, hizo una advertencia a los ingleses: "Hagan lo que hagan, por más represión que nos inflijan, les arrancaremos algún día un arrepentimiento al cual llegarán de mala gana; y traten de que los 300 millones de hindúes no se conviertan en sus eternos enemigos".

El 1 de febrero de 1922 Gandhi se reunió con el virrey de Bardoli, población de 87 mil habitantes, cercana a Bombay, y le comunicó el inicio de una campaña de desobediencia civil en dicha ciudad. Limitó su campaña a una sola ciudad porque quería tener el control total de los acontecimientos para evitar situaciones de violencia y mostrar a los ingleses la moderación hindú.

El movimiento de desobediencia llevaba apenas una semana, cuando un nuevo acto enlutó, esta vez, a las autoridades inglesas. En la pequeña ciudad de Chauri Chaura, situada a 1.200 kilómetros de Bardoli, se realizaba una procesión autorizada. Cuando terminó, los rezagados fueron agredidos y maltratados por la policía. Los manifestantes gritaron pidiendo ayuda a sus compañeros, quienes regresaron a socorrerlos. La policía abrió fuego contra ellos y al acabarse las municiones corrieron a esconderse en la municipalidad. Los manifestantes enardecidos obligaron a los uniformados a salir de su refugio, y en una desmedida y violenta acción los asesinaron, desmembraron y arrojaron sus restos a las llamas. La muerte de estos veintidós policías reveló a Gandhi su imposibilidad de controlar a los rebeldes, capaces de cometer actos inhumanos frente a una provocación. Nada podía justificar que algo así ocurriera. Avergonzado y profundamente triste, suspendió el esfuerzo de desobediencia civil en Bardoli, y a pesar de las protestas de sus seguidores, prohibió

"Dejen que el adversario se deleite con nuestra humillación o supuesta derrota. Es mejor que nos acusen de cobardes y débiles, antes que faltar a nuestro juramento y pecar contra Dios".

—GANDHI

cualquier acto de desafío al gobierno en todo el territorio hindú.

Con una sola orden de Gandhi, toda la India se habría levantado en contra del imperio, que se encontraba debilitado por las consecuencias de la Primera Guerra Mundial y afrontaba innumerables problemas en otros tantos países. Pero una India libre, pagada con sangre, no era el sueño de Gandhi. Prefirió ser arrestado, acusado de instigador de los violentos hechos. El juez Bromfiel dictó sentencia y dijo a Gandhi:

> La ley no hace concesiones, sin embargo, no es posible ignorar el hecho de que usted está en una categoría distinta a las demás personas a quienes he juzgado. Para millones de hindúes, usted es un gran compatriota y un gran caudillo. Aun los que discrepan políticamente lo consideran un hombre de elevados ideales y de vida noble y santa.

Gandhi fue condenado a seis años de cárcel en la prisión central de Yeravda. Esta fue la única vez que lo juzgaron, pero no la última en que lo encarcelaron.

SIETE

Mi arma mayor es la plegaria muda.

—GANDHI

Gandhi practicaba el hinduismo, la religión más antigua de la India y a la que se acoge la gran mayoría de la población. Esta religión predica que detrás del universo que conocemos hay una existencia eterna e inmodificable, y penetrar en ella constituye el mayor de los logros de todo mortal. Por ser la India tan extensa y diversa, el hinduismo tiene algunas modificaciones según sus regiones, pero es común la creencia en un dios supremo llamado Brahma, el dios creador. Su doctrina está incluida en cuatro libros llamados *Los Vedas* y explica la división de Brahma en otros dos dioses: Vishnú, el conservador del mundo, y Shiva, el destructor, entendiendo la destrucción como la transformación. Los dioses viven en el cielo más elevado, el Brama-Loka, que se encuentra en el monte Meru, una montaña inaccesible para los humanos.

El hinduismo cree en la reencarnación: la transmigración de las almas hacia otro cuerpo mortal que no necesariamente es humano. De ahí, el arraigado respeto por cualquier forma de vida animal y la tendencia al vegetarianismo. El karma es el destino del alma y todos nacen con uno, positivo o negativo. Esa es la fuerza que hace evolucionar el alma, hasta llegar a la perfección al lado de Brahma, aunque esto pueda tomar muchos siglos, pasando por diversas reencarnaciones.

Gandhi encontró en el cristianismo profundas similitudes con su religión. Una de ellas se refiere a la práctica del ayuno, que lo caracterizó. El ayuno es la más poderosa de todas las disciplinas cristianas e hinduistas. A través de él y de la oración se logra la comunicación con "el ser superior". Dios escucha desde lo alto y sana nuestras vidas, nuestras iglesias, nuestras comunidades, nuestra nación y el mundo.

Gandhi aceptó la cárcel y se consagró a la oración y al ayuno. Estos eran sus medios de comunicación durante el presidio. También en la contemplación, la inmovilidad y el sufrimiento, el pueblo oriental se comunica. Gandhi disponía de los dos recursos; cuando el discurso fallaba, la oración era la salida. Años después, cuando su espíritu se encontraba más maduro, enfrentaba a las muchedumbres que se reunían para escucharlo, y algunas veces sólo se sentaba con las piernas cruzadas, balanceándose suavemente con los ojos cerrados. Luego juntaba las palmas de sus manos en el típico saludo hindú, sin pronunciar una palabra. La multitud se arrodillaba y lloraba: tocaba sus corazones.

"Ayuno para reformar a los que me aman, no se puede ayunar contra un tirano".

—GANDHI

El fin del ayuno es desinteresado. Sin embargo, sin Gandhi proponérselo, presionaba con él las decisiones de su gente. Así sucedió cuando los molineros de Ahmedabad no quisieron ceder en una huelga. Conscientes de que Gandhi no suspendería su ayuno a menos que ellos regresaran a sus labores, tuvieron finalmente que someterse, temiendo la muerte de su líder.

Estando en prisión, Gandhi sufrió un ataque de peritonitis y tuvo que ser intervenido de urgencia. Su recuperación fue lenta y penosa, debido a que sufrió complicaciones. Dadas las cosas, el gobierno, en un gesto de generosidad, consideró prudente liberar al preso enfermo y así lo hizo el 5 de febrero de 1924.

Veintidós meses estuvo el Mahatma privado de su libertad, y al recuperarla encontró que la India había retrocedido en su búsqueda de la dignificación.

Muchos abogados habían vuelto a ejercer su profesión y las aulas se llenaron nuevamente de estudiantes. Los nacionalistas hindúes, en su mayoría, habían vuelto a participar en los organismos municipales, tanto para obstruir las actividades de las autoridades británicas, como para apoyarlas. Gandhi esperaba que esto sucediera. El pueblo no podía someterse a los sacrificios que exigía la no cooperación indefinidamente. No eran tan fuertes. Perdió el apoyo de las masas y vio debilidad en los dirigentes hindúes. Decidió entonces retirarse de la política y se dedicó a "purificar" a su pueblo, trabajando por la unidad indo-musulmana, una de sus mayores preocupaciones.

Desde que regresó a la India, en 1915, descubrió que las relaciones entre estos dos pueblos determinarían el futuro de su país. "Nada de lo que yo diga o escriba podrá unir a ambas comunidades", declaró. Sin embargo, tampoco el ayuno pudo unirlos; en lugar de eso, ambos grupos esgrimieron sus cuchillos el uno contra el otro, y así sucedió aún muchos años después de la desaparición de Gandhi.

A finales de septiembre de 1925, Gandhi se impuso un ayuno de 20 días, durante el cual únicamente bebió agua con sal. Se instaló en la casa de un amigo musulmán, y dos médicos, también musulmanes, lo asistieron durante ese tiempo. Los musulmanes vieron que Mohandas y Mohammed eran amigos, y los hindúes, que su santo había confiado su vida a un musulmán.

Gandhi esperaba que, sumado a su ayuno, el ejemplo que ofrecía con su conducta fuera recibido tanto por hindúes como por musulmanes. Durante los 20 días escribió un discurso que resumía la nueva orientación de su campaña libertadora:

> Hasta ahora ha sido una lucha y un anhelo que cambie el estado de ánimo entre los ingleses que componen el gobierno de la India. Este cambio está aún por llegar. Pero la lucha debe trasladarse, por ahora, a un cambio de estado de ánimo entre hindúes y musulmanes. Antes de que se atrevan a pensar en la libertad, tienen que ser lo bastante valientes para amarse, para tolerar recíprocamente sus religiones, hasta sus prejuicios y sus supersticiones. Esto exige fe en sí mismos. Si tenemos esa fe, dejaremos de temernos recíprocamente.

El día 20 Gandhi se despidió del ayuno con una pequeña ceremonia que incluía versículos del *Corán*, un himno cristiano que siempre entonaba, y finalizó con un himno de alabanza hindú.

Esta nueva prueba de amor y fe tampoco dio resultados. La hostilidad indo-musulmana era ya una roca imposible de disolver. Las diferencias y la intolerancia tomaron proporciones inimaginables. Si hasta entonces habían podido convivir con sus diferencias, ya no toleraban que las procesiones hindúes pasasen frente a una mezquita musulmana a la hora de la oración. Los hindúes veneraban a las vacas y los musulmanes las comían, igual que los ingleses, pero no había sido motivo de afrenta. Esto provocaba a menudo problemas que terminaban en enfrentamientos a golpes.

En las 700 mil aldeas de la India, sin embargo, musulmanes e hindúes convivían pacíficamente y el ejército hindú contaba también con militantes musulmanes, *sikhs,* y cristianos que comían, dormían y se adiestraban sin roces entre sí, lo que quería decir que las diferencias tenían origen citadino y, aunque no justificables, eran de alguna manera explicables. Debido al precepto islámico, el grueso de la riqueza musulmana en la India estaba invertido en tierras. La industria y el comercio estaba en manos de los hindúes y *parsis*, quienes preferían contratar a sus correligionarios antes que a un musulmán. Por ello, la clase media musulmana tardó en crecer y tuvo posibilidades mucho menores de estudiar y acceder a cargos políticos, sintiéndose en desventaja. Aun así, después de tantos años de convivencia, ambos grupos eran tan similares que costaba distinguir los unos de los otros. Su indumentaria era la misma, su aspecto, su idioma y hasta sus costumbres. Incluso se habían realizado cientos de matrimonios indo-musulmanes, pero todos estos vínculos eran cercenados por las diferencias religiosas de los grupos intransigentes. Los hindúes asumieron una petulante superioridad sobre los musulmanes, negándose a los matrimonios entre sectas y a comer en común. La rivalidad en las limitadas oportunidades económicas existentes empeoró definitivamente las cosas. Los musulmanes comenzaron a sentirse amenazados y veían que la posible independencia de los ingleses aumentaría la desigualdad y les traería opresión.

Por su parte, los ingleses sacaron partido de esta situación. Ya no tenían que dividir para vencer. La India se encontraba entonces completamente dividida.

Entre 1924 y 1929 vinieron unos años de calma aparente. Gandhi recorrió durante este tiempo las poblaciones hindúes, buscando convencer a los campesinos de todas las aldeas que visitó de que se convirtieran en comunidades autosuficientes, que comercializaran con las aldeas vecinas y se bastaran a sí mismas. Esta era la receta para la democracia en el Asia. Le preocupaba la creciente industrialización, que enriquecía a los poderosos y empobrecía cada vez más a los más pobres. Además era un enemigo acérrimo del monopolio. Insistió entonces en el regreso al hilado y el tejido, convirtiendo la rueca en el emblema de su campaña. Años más tarde, éste sería el símbolo de la India libre.

OCHO

Nuestra recompensa se encuentra en
el esfuerzo y no en el resultado.
Un esfuerzo total es una victoria completa.

—GANDHI

Jawaharlal Nehru, quien había sucedido a Gandhi al retirarse de la política, abogaba entonces por la declaración de independencia, aunque lograrla conllevara una guerra. Los miles de seguidores del Mahatma, impacientes, presionaban al Congreso demandando acción. Gandhi consiguió un año más de espera por parte de sus seguidores y se lo comunicó al gobierno inglés, a manera de sutil advertencia.

El virrey, lord Irwin, debió concentrarse entonces en la búsqueda de soluciones administrativas para afrontar los peligros del terrorismo político y de la huelga industrial. Finalmente anunció el 31 de octubre de 1929 que el gobierno de su majestad proponía convocar una Mesa Redonda de delegados británicos e hindúes, buscando lograr para la India la condición de dominio. Gandhi y los dirigentes nacionalistas se dispusieron a transar y concretaron una entrevista con lord Irwin el 23 de diciembre. Mientras tanto, en Londres, el antiguo virrey, lord Reading, declaró ante la Cámara de los Lores su inconformidad con la gestión del primer ministro Ramsay McDonald, un paladín de la India libre, como excusa para condenar el prematuro compromiso de lord Irwin de conceder a la India la condición de dominio. Ante esta nueva muestra de falta de palabra del gobierno inglés, el congreso indio, bajo la presidencia de Jawaharlal Nehru, adoptó una resolución por la que se declaraba la independencia total de la India y su secesión del imperio británico.

El Congreso dio instrucción a sus miembros de retirarse de las legislaturas, aprobó la desobediencia civil y decidió que no se deberían pagar más impuestos. A Gandhi le preocupaba enormemente que se repitieran las escenas de violencia vividas en su última campaña de desobediencia civil, y solicitó a los líderes hindúes tiempo para pensar en la manera de llevarla a cabo, garantizando que no hubiera derramamiento de sangre. El país estaba tenso de expectativa. Durante seis semanas buscó la manera de hacerlo y al encontrarla, se lo comunicó al virrey lord Irwin en la siguiente carta:

Estimado Amigo:

Antes de embarcarme en la desobediencia civil y correr el riesgo que he temido correr en estos años, prefiero acercarme a usted y buscar una solución. No puedo herir deliberadamente a nada viviente, sobre todo a seres humanos, aunque ellos me causen el mayor de los daños a mí y a los míos. Por eso, aunque considero que el gobierno británico es una calamidad, porque ha empobrecido a los agobiados millones de hindúes con un sistema de explotación gradual; nos ha reducido políticamente a la condición de siervos; ha socavado los cimientos de nuestra cultura y temo que no tiene la intención de concedernos en un futuro inmediato la condición de dominio, no quiero alcanzarla, causando daño a mis semejantes.

En una India independiente, todo el sistema impositivo tendría que ser revisado de modo tal que el bien del campesino sea la preocupación básica. Pero el sistema británico parece proponerse aplastarlo, exprimirle la vida. Hasta para la sal que debe usar para vivir, pesa un impuesto muy grande; las rentas derivadas de la bebida y los medicamentos también provienen de los pobres y esto socava los cimientos de su salud y su moral.

Las iniquidades expuestas se conservan para mantener una administración extranjera que es, como puede probarse, la más costosa del mundo. Su salario, por ejemplo, es 5 mil veces superior al ingreso medio de la India.

De rodillas le ruego que medite sobre este fenómeno. He tomado un ejemplo personal, para hacerle comprender la penosa verdad. Le tengo un afecto demasiado grande, para querer herir sus sentimientos. Lo que digo sobre el salario del virrey, puede aplicarse en términos generales a toda la administración.

Sólo la no violencia organizada puede enfrentarse a la violencia organizada del gobierno británico. Esa no violencia se expresará a través de la desobediencia civil. Mi ambición no es otra que hacerle comprender al pueblo inglés mediante la no violencia, el mal que le hace a la India.

Lo invito respetuosamente a allanarme el camino para la eliminación inmediata de esos males y a abrirle el camino a una verdadera conferencia entre pares. Pero si usted no logra ver el camino para eliminarlos y mi carta no le llega al corazón, el 11 de este mes, procederé con mis colaboradores a desconocer lo dispuesto en las cláusulas establecidas por las Leyes de la sal. Desde luego, usted puede frustrar mi propósito arrestándome, pero confío en que habrá decenas de miles de hombres dispuestos a ocupar mi lugar".

Lord Irwin no respondió la carta y se negó a recibir a Gandhi, pero tampoco lo arrestó. Al acercarse el 11 de marzo de 1930, la India hervía. Centenares de periodistas extranjeros e hindúes le seguían los pasos a Gandhi esperando su reacción.

El 12 de marzo, después de sus oraciones, Gandhi y 78 hombres salieron del *ashram*. Se dirigían hacia el sur, en un recorrido de 24 días, para llegar hasta el mar. Hubo días en que caminaron hasta 23 kilómetros sin desfallecer. Al pasar por las diferentes aldeas, los campesinos caían de rodillas al borde la carretera y Gandhi les hablaba, invitándolos a hilar, a renunciar al alcohol y al opio, a abolir los casamientos de niños y a llevar una vida pura. Los hombres prominentes de las aldeas comenzaron a abandonar sus cargos públicos. De todos los lugares de la India se unieron a la peregrinación hombres y mujeres. Antes de un mes, su pequeño grupo inicial se había convertido en un ejército no violento de varios miles de personas.

El 5 de abril Gandhi logró el objetivo de la peregrinación: recogió un poco de sal que el mar había dejado en la playa. Recorrió a pie más de 400 kilómetros, para violar una ley inglesa que prohibía la posesión de sal que no hubiese sido comprada al monopolio del gobierno. Sedujo a los campesinos analfabetas y fascinó a críticos refinados que compararon su "marcha de la sal" con la marcha de Napoleón sobre París.

Gandhi (centro) en Sudáfrica,
donde trabajó como abogado y luchó por los derechos de los hindúes.
Circa, 1903.

Arriba:
*Hilar y tejer siempre fueron símbolos de
la lucha pacifista de Gandhi.
Aquí, con su rueca, en 1931.*

Página anterior:
*Gandhi y su esposa, Kasturbai, días antes de la campaña de
desobediencia civil en Bombay
y de su arresto por presunta conspiración.
Enero de 1922.*

© Hulton Archive / Douglas Miller • Photos Images

Arriba:

Gandhi regresó a Inglaterra como líder del congreso en 1931
para asistir a la conferencia de la Mesa Redonda
en la que se reunieron delegados hindúes y británicos
para discutir la reforma constitucional de la India.
Aquí, saliendo del Friends' Meeting House
en Euston Road, después de la reunión.

Páginas anteriores:

Algunos seguidores de Gandhi recogieron agua de mar
en la famosa protesta de la sal,
cuyo fin era revocar las leyes británicas de impuestos.
Bombay, 7 de mayo de 1930.

*En 1946 Gandhi y su compañero político Jawaharlal Nehru
conversaron sobre sus diferencias
en la reunión del Congreso en Bombay.
Después de la muerte de Gandhi,
Nehru se mantuvo en el poder hasta 1964,
buscando una política de no alineamiento
frente a los países más ricos.*

Gandhi empezó uno de sus últimos ayunos en 1947.
Lo vemos acompañado de un doctor y varios ayudantes.

A lo largo de la línea costera de la India, cientos de hindúes entraron al agua y obtuvieron sal en forma ilegal. Jawaharlal Nehru y el alcalde de Calcuta fueron condenados a seis meses de cárcel por violar la ley y por inducir al boicot de los tejidos extranjeros. Casi todos los miembros del Congreso fueron también arrestados, y provincias enteras se vieron privadas de sus líderes nacionalistas. Hubo en total no menos de 70 mil transgresores políticos encarcelados, y pesaba la censura sobre todos los periódicos nacionalistas. A pesar de los golpes y los arrestos, los hindúes se mantuvieron no violentos, por temor a que Gandhi suspendiera la campaña. Gandhi comunicó entonces que la marcha continuaría hacia las salinas de Dharsana, situadas a 240 kilómetros de Bombay.

El 4 de mayo, al mes de haberse convertido en delincuente, Gandhi fue arrestado. Sin embargo, esto no frustró sus planes, pues su hijo Manilal encabezó la marcha, acompañado de la poetisa Sarojini Naidu.

El 17 de mayo llegaron a las grandes ollas con sal rodeadas por alambres de púas, custodiadas por 400 policías *surat*, bajo las órdenes de seis comandantes ingleses. La marcha se detuvo a seis metros de la empalizada. Una columna se desprendió del grupo y avanzó hacia las ollas de sal. Los oficiales ordenaron la retirada, y al no cumplirla, arremetieron contra ellos, golpeándolos en la cabeza con sus cachiporras. La orden, como siempre, había sido no resistirse a los golpes ni responder a ellos. Los manifestantes caían como naipes y sólo se escuchaban los golpes sordos sobre los cráneos indefensos. Al caer la primera fila, se desprendió una más de decididos hindúes con la cabeza en alto, y luego otra y otra más. Aunque todos sabían que caerían y serían golpeados o hasta podían morir no hubo muestras de vacilación. Durante horas los camilleros recogieron hombres inertes y sangrantes. Las incursiones y los golpes siguieron durante varios días.

Legalmente nada había cambiado, pero ahora la India era libre. Seguía siendo una colonia británica, pero Inglaterra había perdido el respeto y prestigio de que gozaba en Asia. No sólo los hindúes, sino el mundo en general, siguió con ojos incrédulos el desarrollo de esta excepcional muestra de grandeza. Inglaterra era impotente y la India invencible; la legalización de estos conceptos sólo era cuestión de tiempo.

El primer ministro, Ramsay McDonald, se sentía muy incómodo en la calidad de carcelero de Gandhi, primero, porque era simpatizante suyo, y segundo, porque de todas las ciudades de la India e incluso de la misma Inglaterra llegaban constantemente solicitudes escritas para su liberación. Lord Irwin se encontraba en la misma situación agravada por la desarticulación de su administración. Los ingresos de la colonia habían caído notablemente, y mantener la ley y el orden era casi imposible. Una asamblea de la Mesa Redonda se reunió en Londres para buscar una salida a la situación, pero no se llegó a nada, pues no había representación del congreso indio, ya que todos sus integrantes se encontraban presos. Lord Irwin procedió a la liberación de Gandhi, Jawaharlal Nehru y otros veinte altos dirigentes del Congreso.

Gandhi solicitó entonces una entrevista a lord Irwin, quien esta vez no pudo rehusarse. Por primera vez en la historia de

esta colonia un hindú se reunió con el representante del mismí-
simo rey, no a pedir un favor, sino a negociar en igualdad de
condiciones, como representante de la nación, el futuro de la
India.

Después de varias entrevistas y conversaciones, Irwin y
Gandhi firmaron el Pacto de Delhi el 5 de marzo de 1931, en
el cual se determinó que la desobediencia civil cesaría y se permitiría a los hindúes producir sal en la zona costera, y que el
congreso indio asistiría a la próxima Mesa Redonda que se
celebraría en Londres. Irwin, sin embargo, no mencionó la independencia ni la condición de dominio para India.

A los pocos meses, este pacto perdió su significado. Lord
Irwin apareció como ganador y varios miembros del congreso indio criticaron a Gandhi, aduciendo que otro político se
habría esforzado por conseguir más concesiones. Sin embargo, él se sintió satisfecho, pues había puesto los cimientos de
una nueva relación entre la India e Inglaterra.

NUEVE

La voz interior me dice que siga combatiendo contra el
mundo entero, aunque me encuentre solo.

—GANDHI

Gandhi partió a Londres el 29 de agosto de 1931 acompañado por su hijo menor, Devadas, y una pequeña comitiva. Asistiría como único representante del congreso indio a la Segunda Conferencia de la Mesa Redonda en Londres. Estuvo allí
durante tres meses, y en su tiempo libre recorría las calles,
maravillándose de la acogida que le brindaba el pueblo inglés,
especialmente en los barrios más pobres. Los periodistas lo
seguían a dondequiera que iba. Decenas de personalidades
querían hablar con él, incluido el escritor irlandés Bernard
Shaw, quien compartía su manera de pensar y actuar. El único que se negó a recibirlo fue Winston Churchill, para quien
era "nauseabundo y humillante" que un fakir semidesnudo y
sedicioso, como lo llamaba displicentemente, aspirase incluso a hablar con el rey. Su malestar aumentó al saber que Gandhi había sido invitado a tomar el té en el palacio de Bucking-
ham con el rey Jorge v y la reina María, y se había presentado
con su tradional taparrabos, las sandalias de cuero hechas
por él mismo y un chal.

Participó en innumerables mítines y los intelectuales lo
invitaron a varias charlas en Oxford. En todos los eventos
trató siempre de explicar lo que entendía por la verdadera in-

dependencia de India: la condición de colonia debía desaparecer, mas no la cooperación entre las dos naciones.

En todas partes Gandhi se ganó el aprecio de las personas con su sencillez y carácter accesible, incluyendo a los desempleados de las fábricas de textiles, que debido al *hartal* propuesto por Gandhi contra las telas extranjeras, se veían ahora sin trabajo. Uno de ellos declaró: "Yo soy uno de los desocupados, pero si estuviera en la India, diría lo mismo que está diciendo el señor Gandhi".

"El objetivo no es una independencia aislada. Es la interdependencia voluntaria".

—GANDHI

"Veo que mi verdadera labor está fuera de las conferencias", dijo Gandhi. La verdadera Conferencia de la Mesa Redonda es la que hago en la calle, suavizando el espíritu del pueblo británico".

Al terminarse el tiempo, lord Reading condensó las intenciones de Gran Bretaña en relación con la India en la siguiente frase: "La verdadera política entre Gran Bretaña y la India, es que vamos a hacer todo lo posible para concretar las perspectivas de la India, mientras conservamos nuestra propia posición que no podemos ni debemos abandonar".

"He vuelto con las manos vacías", confesó a la multitud que lo esperaba en Bombay a su regreso de Londres, "pero no recuerdo una sola experiencia vivida durante mis tres meses en Inglaterra y Europa que me haya hecho sentir que Occidente y Oriente son dos cosas diferentes. La naturaleza humana es esencialmente la misma, sin importar el clima en que se desarrolle".

Una semana después de su regreso era encarcelado nuevamente. Mientras estuvo en Inglaterra, el gabinete gubernamental había cambiado. Lord Willingdon había reemplazado a lord Irwin, y el congreso indio había sido acusado de obstruir la labor del gobierno inglés, creando un gobierno paralelo. Jawaharlal Nehru y otros dirigentes ya estaban en la cárcel y Gandhi fue llevado a la prisión de Yeravda.

El Mahatma obedeció estrictamente las normas de la prisión, así como su propia norma de no hacer campaña dentro de la cárcel. Como no podía ser político, se esforzó entonces en ser un santo.

Comenzó a escribir sus meditaciones sobre Dios y la conducta ideal del hombre. Más tarde éstas fueron publicadas en un pequeño libro titulado *Yeravda Mandir*. "Mandir" significa templo. Gandhi reunía a los presos y los guardias en pequeñas asambleas, donde discutían temas religiosos. "La verdad es Dios", sostenía, "y Dios es lo que es. Sólo Él es". Para Gandhi, la prisión se convirtió en un templo, pues allí se discutía y adoraba a Dios.

Durante años trató de explicar la existencia de Dios en una ley universal e inalterable que lo gobierna todo, pero a la que no se le encuentra explicación. La fe trasciende la razón. Encontrar a Dios le preocupaba, pero nunca tuvo ninguna experiencia mística. Nunca escuchó voces ni lo vio. "Dios nunca se nos aparece en persona, sino en la acción", decía.

En esta etapa mística y reflexiva decidió que ya era hora de orientar su labor hacia la reivindicación de los "intocables" o descastados de la India. La división de castas se fundamentaba en el karma y, por lo tanto, no se debía interferir en el desarrollo de las almas. La condición de cada ser era consecuencia de su comportamiento en vidas anteriores y había que llevarla resignadamente, con la esperanza de ascender en una vida posterior. Gandhi, profundamente religioso, no compartía esta doctrina y quiso abrazar a sus hermanos más pobres.

La política de castas prohibía el contacto con los descastados. Ni siquiera podían beber agua de los pozos, porque los contaminarían. Debían saciar su sed en las aguas lluvias o estancadas, vivían en las más miserables chozas y ni siquiera podían caminar al lado de un hindú de otra casta. Si los matrimonios entre castas estaban prohibidos, era impensable que se realizaran con intocables.

Cambiar esta mentalidad, fundamentada en la religión, era imposible. Los hindúes no aceptaban transgredir un dogma. Por lo tanto, Gandhi inició el 8 de septiembre de 1932 una huelga de hambre "a muerte", si no lograba mejorar las condiciones de vida de los descastados.

El primer ministro, Ramsay McDonald, escribió a Gandhi, sorprendido por su decisión. La nuevas leyes permitían ahora a los descastados votar en los comicios y elegir a sus propios legisladores. ¿No era acaso eso lo que buscaba el Mahatma? Pero él no quería una división más. El gobierno ya contaba con una comisión musulmana, una hindú y no era necesaria ahora una "intocable". Lo que él quería era un Congreso justo que cobijara a todos los habitantes de la India por igual, sin establecer diferencias. McDonald aceptó entonces su decisión.

De todas partes llegaron cartas y mensajes que trataban de disuadir a Gandhi del ayuno. Muchos de sus amigos no comprendían por qué estaba dispuesto a morir por este problema. Pero Gandhi se mostró inconmovible. Gandhi no ayunaba contra Inglaterra, su objetivo era formar un solo cuerpo político para los hindúes. Gandhi ayunaba para salvar el alma de la India.

DIEZ

*No escuches a los amigos, cuando
el amigo interior dice: ¡haz esto!*

—GANDHI

Bhimrao Ramji Ambedkar era el dirigente más importante de los intocables; tenía un cuerpo vigoroso y una inteligencia superior. Igual que su abuelo y su padre, era un descastado. Había prestado sus servicios al ejército británico y, por intermedio suyo, conoció al maharajá de Baroda, quien le envió con una beca a la universidad de Columbia en Nueva York, donde estudió Derecho. Su elevada educación lo llevó a un plano superior y le permitió convertirse en vocero de los descastados. En tal carácter, asistió a la Segunda Conferencia de la Mesa Redonda, junto con Gandhi.

Ambedkar propuso un cuerpo electoral independiente para los intocables. Gandhi se opuso a esta moción por considerarla divisiva, reaccionaria y estéril. Sin embargo, las autoridades de Londres siguieron trabajando en una constitución para la India que la incluía.

Cuando Gandhi se enteró, ya se encontraba preso, y fue entonces, cuando tomó la decisión de iniciar la huelga de hambre.

Una vez iniciada la conferencia, se reunieron los líderes de los intocables, encabezados por Ambedkar, quien no confiaba en la sinceridad de su pueblo, considerando que siempre habían ejercido sobre sus hermanos descastados una innegable crueldad. Tampoco confiaba en Gandhi y llamaba al ayuno "una treta política" que sólo buscaba eliminar las prebendas que ya habían conseguido. Ambedkar quería obtener representantes *harijans* (hijos de Dios, como llamaba Gandhi a los descastados) en la legislatura y sentía que el Mahatma se oponía a sus nobles fines.

Ambedkar temía que los hindúes siguieran ejerciendo discriminación contra los *harijans* si no tenían un lugar respetado en el Congreso.

Los seguidores de Gandhi lograron que Ambedkar viajara a reunirse con el Mahatma en prisión. Discutieron sus puntos de vista y luego de varias reuniones con los negociadores, se llegó al acuerdo de conceder a los *harijans* 147 bancas en la legislatura provincial, y decidieron que el tema sobre el tiempo que duraría el distingo electoral entre hindúes y *harijans*, para el cual Ambedkar pedía diez años y Gandhi cinco, sería tratado posteriormente.

Gandhi, satisfecho con la negociación, se negó a abandonar el ayuno hasta que Inglaterra avalara el convenio y reemplazara el proyecto original de McDonald. El texto fue telegrafiado a Londres.

> "El ayuno no fue nada, en realidad, si se le compara con las penurias que han sufrido los descastados desde tiempos inmemoriales. Y, por eso, sigo canturreando: Dios es grande y misericordioso".
>
> —GANDHI

Entretanto, las fuerzas de Gandhi se iban agotando. Impartió a Kasturbai instrucciones de cómo distribuir sus pocos bienes personales; Tagore viajó desde Calcuta para acompañar a su amigo, quien se extinguía lentamente como una vela. Al sexto día de ayuno, Londres anunció que aceptaba el acuerdo, que se conoció como el Pacto de Yeravda, que incluía la siguiente declaración: "Nadie será considerado intocable por una razón de nacimiento". A las cinco de la tarde Gandhi dio por terminado el ayuno al beber jugo de naranjas pero no fue puesto en libertad.

El "ayuno épico" mejoró en forma permanente las condiciones de vida de los *harijans* y quebró una cadena que se remontaba desde la antigüedad.

Mientras Gandhi ayunaba, miles de hindúes en todo el territorio seguían atentos a su Mahatma. Quienes sabían leer informaban a los que no sabían, y de voz a voz, se fueron uniendo espiritualmente con su líder. Nadie quería que Gandhi muriera. Los templos de muchas ciudades, desde Calcuta hasta las poblaciones más pequeñas, abrieron sus puertas a los *harijans*; las mujeres otodoxas de Bombay organizaron una encuesta frente a siete de los grandes templos hindúes y los devotos arrojaron un total de 24.797 votos a favor de los *harijans*, frente a 445 en contra.

En Delhi los hindúes de casta fraternizaron en las calles con los antes "intocables". Por toda la India se fueron eliminando las diferencias que separaban a unos de los otros. Este milagro se obró en tan sólo seis días.

ONCE

Estoy comprometido con la verdad,
no con la consistencia.

—GANDHI

Para mayo de 1933, Gandhi continuaba en la cárcel y emprendió un nuevo ayuno de tres semanas en protesta, esta vez, porque un joven norteamericano había renegado de sus creencias religiosas en el *ashram*. Las autoridades, preocupadas por posibles problemas de salud de Gandhi, lo dejaron en libertad. No querían tener bajo su custodia al Mahatma si su salud había de peligrar. Sin embargo, la mente de Gandhi se hallaba tan libre de preocupación, que resistió las tres semanas sin ningún inconveniente.

En noviembre de ese mismo año inició un recorrido por todas las provincias de la India. Durante cinco años se consagró sin interrupción a promover el hilado, la enseñanza primaria, la difusión de las lenguas hindi e indostano como idiomas nacionales y a velar por que se respetara la mejora de condiciones de los antiguos descastados. Nehru continuó, en su nombre, trabajando por los derechos de los hindúes en el Congreso.

La imagen de Gandhi, a los ojos de la India, se elevó al nivel de santo, aún sin serlo. Sus seguidores le pedían consejos y ayuda para solucionar cualquier tipo de problemas. Sus opiniones tenían la autoridad de un fallo de la Corte Suprema.

Abogó por la desaparición de los matrimonios infantiles, no sólo entre niños, sino entre adultos y niños, que eran muy comunes en la India. La cantidad de niñas viudas era alarmante, más aún, cuando no estaba permitido por la religión un segundo matrimonio. La principal objeción de Gandhi era que estas niñas viudas y condenadas a la soledad no conocían ni conocerían jamás el amor. Le asustaba también el desmedido aumento de población en la India y las inexistentes medidas de planificación.

> "El control de uno mismo es el único método, y el más seguro, de regular la tasa de nacimientos".
>
> —GANDHI

Gandhi sostenía que lo que un hombre es capaz de hacer podían hacerlo todos, y se refería a su decisión de ser casto. Lo buscaban amigos, conocidos y hasta extraños, que pedían su consejo para decisiones tales como casarse o separarse y lo aceptaban, auque a menudo traían dolorosos resultados.

Gandhi distaba de ser la persona idónea para este tipo de decisiones. Él mismo no era un esposo y padre ejemplar. Reconoció, incluso, que por su esposa e hijos sentía algo impersonal. Su vocación hacia los demás había excluido, la mayor parte del tiempo, a su familia. Se había perdido el crecimiento de sus hijos y había tenido muchísimos problemas con Kasturbai durante su relación. Pero su esposa había sabido entender y Gandhi, más que su marido, era desde hacía mucho tiempo su guía espiritual. Casi no se dirigían la palabra y parecía incluso que él no notaba su presencia; sin embargo, necesitaba que ella permaneciese a su lado siempre, detrás de su hombro izquierdo, abanicándolo y mirándolo. A los ojos de cualquier persona, oriental u occidental, éste no era, definitivamente, el comportamiento de una pareja normal. Pero Gandhi había llegado a amarla en su muy profunda y especial manera de amar.

No sucedió así en la relación con sus hijos. Les negó una educación formal, basándose en que "el carácter era algo más precioso que la erudición y que servir al pueblo era mejor que una profesión". Esto trajo resentimiento a los muchachos, quienes no entendían cómo alguien que era tan magnánimo y noble con los desconocidos, podía dar la espalda a sus seres más queridos.

Su primogénito, Jarilal, se convirtió en un borracho libertino. Abandonó a su esposa e hijos, y tal vez, para herir a su padre, se convirtió al islam y cambió su nombre por el de Abdullah. Su segundo hijo, Manilal, aceptaba resignadamente inmerecidos castigos de su padre y se plegaba a su, a veces, incomprensible disciplina. Trataba constantemente de agradarlo y procuró acercarse al ideal del Mahatma siguiéndole los pasos como dirigente del movimiento de resistencia popular a la persecución implantada a la gente de color en Sudáfrica por el primer ministro Malan. Recordemos que él lo sustituyó en la segunda etapa de la "Marcha de la sal". Ramdas, su tercer hijo, vivía apaciblemente en un pueblecito de la provincia, dirigiendo la filial de una empresa. Tenía esposa y varios hijos, para quienes Gandhi fue un tierno abuelo. Sólo su cuarto hijo, Devadas, se quedó siempre junto a su padre, sirviéndole como secretario cuando lo solicitaba, pero haciendo notar constantemente que Gandhi era más afectuoso como abuelo.

DOCE

Imagino que sé lo que significa vivir y morir
como no violento, pero me falta
demostrarlo mediante un acto perfecto.

—GANDHI

Winston Churchill, el gran detractor de Gandhi en Inglaterra, se había retirado de la vida política para dedicarse a la literatura; sin embargo, al estallar la Segunda Guerra Mundial, el 1 de septiembre de 1939, fue llamado de nuevo al gobierno como ministro de marina, y más tarde se convirtió en primer ministro. Al declararle la guerra a Alemania, junto con Francia, Inglaterra arrastró a la India a una contienda que no compartía. Aunque Gandhi era conocedor de todos los antecedentes y repudiaba la política totalitarista y despiadada de Hitler, expresó su solidaridad a Inglaterra y Francia, pero se mantuvo al margen del conflicto armado.

En 1942 los japoneses habían avanzado por el sudeste de Asia y amenazaban con invadir a la India. "¿Qué haremos si llegan los japoneses? ¿Cómo podremos resistirnos sin violencia?", preguntaban sus seguidores. "No se les dará alimento ni refugio", respondió Gandhi. Años atrás, el legislador japonés Takoaka había pedido a Gandhi adherirse al movimiento *Asia para los asiáticos*; él se había negado, ya que le parecía que se estaba formando una organización antieuropea.

Ahora, enfrentando la guerra, fortaleció sus lazos de solidaridad con los ingleses, franceses, estadounidenses, rusos y chinos, en oposición al gobierno agresivo de Hitler. El congreso indio vio una débil posibilidad de ganar su liberación. "Una India libre, democrática, se aliará gustosamente a otros países libres, para una defensa mutua de la agresión y para la cooperación económica", declaró Nehru en el Congreso. "Yo mismo combatiría al Japón, espada en mano, pero sólo puedo hacerlo como hombre libre". Gandhi se abstuvo de intervenir en esto.

Pero Inglaterra, con Churchill a la cabeza, estaba lejos de devolver a la India la independencia y la condición de dominio; ni siquiera pensaba concederle más derechos. "No me he convertido en primer ministro, para presidir la liquidación del imperio británico", sostenía con arrogancia e iba más lejos. "Hay que habérselas con el gandhismo y todo lo que significa, para finalmente destruirlo". La India era una propiedad británica y Churchill se negaba a renunciar a ella. Desde que asumió el cargo de primer ministro, hasta que lo abandonó, se dedicó a combatir a Gandhi.

A mediados de 1942 el desconcierto de los hindúes llegó a su punto más alto. La política de Churchill era inflexible con ellos y toda esperanza de alcanzar la independencia, aprovechando la debilidad de Gran Bretaña, se fue desvaneciendo. Los políticos hindúes se sentían impotentes. No podían defender a su país.

Gandhi, por su parte, esperaba y confiaba. El admirable control de su carácter le hacía verse imperturbable ante la situación más crítica; de ahí la confianza que transmitía a sus seguidores. Pero para Nehru y los demás líderes políticos era imposible esperar más. Finalmente, Gandhi propuso el movimiento de desobediencia civil "Abandonen la India", que no fue bien recibido por sus colaboradores, quienes ya no tenían fe en este tipo de acciones. Nehru lo visitó en el *ashram* y durante tres días estuvo rebatiendo sus argumentos. Al no ponerse de acuerdo, Gandhi se empeñó en realizar la campaña de desobediencia, aún sin su apoyo.

Para Nehru, a pesar del profundo respeto que sentía hacia su líder, las armas debían ser otras. La conducta del gobierno inglés, la situación de guerra y la ciega obediencia de los hindúes a cuanto propusiera Gandhi, producían un profundo rechazo en el gabinete del Congreso. Nehru quería utilizar la fuerza. Ante esta presión, Gandhi se ofreció para hablar con el nuevo virrey y buscar una salida pacífica. Como en anteriores ocasiones, no fue recibido por el representante del gobierno inglés y él, junto con Nehru y los más influyentes miembros del Congreso, fueron encarcelados.

Este nuevo acto de intransigencia del gobierno desató la furia del pueblo hindú y la violencia no pudo contenerse más. Los edificios gubernamentales fueron incendiados, destruyeron las líneas telegráficas y las vías férreas. Surgió un movimiento clandestino dirigido por los socialistas, quienes formaban un importante sector del Congreso, y fueron asesinados muchos oficiales británicos. En algunas regiones del país se hizo caso omiso de los decretos, y muchas ciudades y distritos de la India establecieron sus propios gobiernos como república libre.

El gobierno inglés culpó a Gandhi de todo este caos. Él rechazó la acusación, y al no verse reivindicado entró nuevamente en ayuno. El gobierno del rey se indignó acusándolo de extorsionar políticamente a través de ese medio. Sin embargo, dos días antes de que iniciara el ayuno fue puesto en libertad, pero se negó a aceptarla. No ayunaba para obtener su liberación, sino buscando ser escuchado por el Tribunal Supremo. Su ayuno duró tres semanas y casi no sobrevive. Su organismo se encontraba debilitado, pero su espíritu era el más perjudicado. No tenía acceso a la prensa, por lo cual no podía defenderse de las acusaciones del gobierno, quien lo culpaba del movimiento clandestino y la ola de destrucción que se desató. Pero el más duro de los golpes lo recibió la noche del 22 de febrero de 1944, cuando Kasturbai, su esposa, falleció mientras oraba con él.

Gandhi se sintió profundamente desconsolado, la fortaleza del verdadero *yogui* lo abandonó y no supo cómo enfrentar su muerte. A las pocas semanas de este triste suceso, enfermó gravemente y toda la India se movilizó exigiendo su liberación. El 6 de mayo de 1944 fue liberado junto con todos sus colaboradores.

TRECE

Los medios impuros, desembocan en fines impuros.

—GANDHI

Mohammed Alí Jinnah, presidente de la Liga Musulmana en la India, había trabajado en el congreso indio, abogando por los derechos de los musulmanes. Pero a diferencia de Gandhi, su ideal no había sido unir a las dos comunidades sino separarlas definitivamente, aunque alegaba que la unión indo-musulmana había sido su objetivo hasta 1921, el año en que apareció Gandhi.

Nehru y Gandhi trabajaron con Jinnah en el Congreso, pero las diferencias de pensamiento y de ideales los convirtieron en opositores, no en la lucha por la independencia, sino por sus contradicciones con respecto a la unión indo-musulmana. Al verse cuestionado, Jinnah decidió radicarse en Londres hasta 1935, pero al ver, para ese entonces, que la liberación de la India parecía tomar forma, regresó a la vida política hindú.

Sus ideas siempre chocaron con las de Nehru, en quien veía un poderoso rival. Las clases más favorecidas de musulmanes temían un gobierno hindú, y se propusieron frustrar esta esperanza, pidiendo la creación del Estado pakistaní. Temían que, siendo la gran minoría, perderían los derechos que habían ganado con los ingleses. Los intentos de Gandhi, Nehru y el Congreso por recuperar a Jinnah para una India libre y unida, fracasaron. El Pakistán daría a los musulmanes poder político, trabajo y control sobre la industria y el comercio. Los fundadores y caudillos de la Liga Musulmana, a excepción de Jinnah, eran terratenientes que creían que en una India dirigida por Nehru sus tierras serían repartidas entre los campesinos. Un estado independiente y religioso permitiría a la clase dirigente musulmana conservar el monopolio político y económico.

Para Jinnah no era conveniente ahora que Inglaterra devolviera a la India la condición de dominio. Los británicos les habían ayudado a conseguir cargos públicos y una adecuada representación política. De irse los ingleses, la única salida válida para él era la separación de la India y la creación de Pakistán.

CATORCE

La humanidad moriría si no apareciera,
en cualquier tiempo y lugar,
lo divino que hay en el hombre.

—GANDHI

Gandhi trabajaba sin parar con las numerosas organizaciones que había creado para proteger a los *harijans* y promover el progreso de sus aldeas. Creó también una fundación para la curación de las enfermedades con métodos naturales, en donde pudo poner en práctica los experimentos alimenticios realizados consigo mismo y de los cuales podían dar fe su resistencia física y excelente salud aun a su edad, que ya sobrepasaba los setenta años.

Aunque prefería estas actividades a los debates políticos, no abandonó su labor en el Congreso. Esperaba que al retirarse su sucesor fuera Jawaharlal Nehru, con quien mantenía una afectuosa relación padre-hijo, que ninguna discrepancia podría modificar.

Al acercarse la libertad nacional las actividades políticas se hicieron más intensas, y en marzo de 1946 llegó a la India una misión del gabinete británico para concertar los términos de la misma. Pidieron a los dirigentes hindúes y musulmanes su opinión sobre las medidas necesarias para sustituir al gobierno británico, pero los integrantes del congreso indio y de la Liga Musulmana no lograron ponerse de acuerdo. Los hindúes abogaban por una India unida, mientras los musulmanes, por temor a someterse a un gobierno hindú perpetuo, querían la división del territorio. Ante esto, el gabinete inglés redactó su propio plan y lo publicó en mayo de 1946: Inglaterra entendía las dos posiciones, pero veía poco prudente la separación en dos estados, y su misión, antes de abandonar el territorio indio, era constituir un estado de gobierno que funcionara. La división en dos estados separados por su religión implicaba el éxodo de millones de hindúes y de musulmanes hacia el nuevo territorio asignado. Los musulmanes reclamaban la cuarta parte de la India, conformada por seis provincias: Sind, Baluchistán, el Punjab, la provincia de la frontera del noroeste, Bengala y Assam, para conformar el Estado de Pakistán. Para Gandhi, esta división era imposible e injusta. En la provincia de Assam, había 3 millones 500 mil musulmanes, frente a casi 7 millones de no musulmanes; en Punjab había 4 millones de musulmanes más que de hindúes, y en Bengala los musulmanes constituían el 52% de la población. En estos tres estados, solamente, 50 millones de musulmanes gobernarían a 47 millones de hindúes, y *sikhs,* y se generaría un éxodo sin precedentes que inevitablemente acarrearía pobreza y muerte. En el nuevo Estado indio, 20 millones de musulmanes, o sea la quinta parte de ellos en toda la India, estarían sometidos al gobierno hindú.

Jinnah era sordo a estos argumentos. Él no era un musulmán devoto, violaba el código del islam bebiendo alcohol y comiendo carne de cerdo, y muy rara vez visitaba una mezquita. Sus intereses eran puramente personales. Siendo un hombre adinerado, tampoco lo movía el poder como vehículo para

Luisa Noguera Arrieta

enriquecerse. En cambio, la rivalidad con Nehru y Gandhi lo llevaba a sostenerse en una posición a todas luces equivocada.

Revisando todas estas razones, el gobierno inglés se opuso a la partición de la India y propuso, en cambio, una India unida, con un parlamento federal que no podía tener una proporción mayor de carácter racial o religioso; contaría con gobiernos provinciales con amplios poderes que protegerían a las minorías. La Asamblea Constituyente que redactaría una constitución basada en estos principios se dividiría luego en tres sectores: el primero comprendía a los delegados del grupo mayoritario hindú de las provincias de la India central; el segundo, a los delegados de las provincias densamente musulmanas del oeste de la India: el Sind y el Punjab; y los delegados del tercer sector comprenderían los estados de Bengala y Assam. Gandhi no estuvo de acuerdo con esta camuflada e innecesaria división de la nación. Jinnah tampoco estuvo de acuerdo, sin embargo, aceptó. El Congreso, por su parte, discutió el tema durante semanas, pues creía que este era un ardid del gobierno inglés para no desligarse del todo del poder. Finalmente, el Congreso decidió no participar en la Asamblea Constituyente propuesta por Inglaterra. Esto echó abajo la propuesta del gobierno inglés y en ese momento se enterró la esperanza de una India unida. Inglaterra solicitó entonces tanto a la Liga Musulmana como al congreso indio que le enviaran su lista de candidatos al gobierno, quedando sobreentendido que ninguno de los dos movimientos podría vetar las candidaturas del otro. Jinnah se negó a participar en el gobierno, pues él solo quería proponer a los representantes del gabinete musulmán. El gobierno pidió a Nehru que conformara el gobierno. Nehru visitó a Jinnah y le ofreció que escogiera las carteras del gabinete que creyera convenientes, incluso le ofreció el cargo de primer ministro o ministro de defensa. Sin embargo, Jinnah rechazó la oferta. Nehru conformó el gabinete con seis hindúes, de los cuales cinco eran de casta y uno *harijan*, dos musulmanes, un *sikh*, un cristiano y un parsi, procurando que hubiera representación de cada grupo del territorio.

Jinnah respondió a esto, como se esperaba, con un movimiento de protesta. Durante cuatro días hubo disturbios que dejaron más de 5 mil muertos y 15 mil heridos. Nehru fue nombrado primer ministro el 2 de septiembre de 1946, y Jinnah declaró ese día de luto nacional.

A los ojos del Gandhi el país se dirigía hacia una guerra civil. El virrey Wallel, alarmado, casi suplicó a Jinnah reconsiderar su posición, y finalmente éste cedió, nombrando cinco ministros de su partido: cuatro musulmanes y un intocable anti-Gandhi. Sin embargo, los miembros de la Liga Musulmana declararon que no reconocerían al gabinete de Nehru como gobierno de la India y se negaron a cooperar con ellos. El gobierno era una casa dividida por la religión.

Sin embargo, Gandhi confiaba en los seres humanos; esperaba que las diferencias se limaran, buscando un bien común. Se empeñaba en buscar la "divinidad" dentro del corazón de los hombres. Le llegaron entonces noticias sobre atroces actos de violencia ocurridos en lejanas regiones, ya fuera de musulmanes contra hindúes o viceversa. Decidió entonces ir hasta Noakhali y Nippera, donde la situación era más crítica.

Pero no sólo en las provincias se habían desatado manifestaciones de odio y sectarismo. En ciudades como Calcuta y Delhi sucedían hechos similares.

QUINCE

Si no existe una afinidad, se puede establecer,
entre gente que se considera distinta.

—GANDHI

Gandhi acababa de cumplir setenta y siete años, y durante cuatro meses visitó 49 aldeas, en una campaña pacificadora y de reconciliación. La mayor parte del camino tuvo que recorrerla a pie, y sus detractores esparcían mugre y zarzas que lastimaban sus cansados pies.

En algunas ocasiones llegó a sentirse desesperado. Constantemente le llegaban noticias alarmantes, provenientes de diferentes puntos de la India. Encontrándose en un extremo del país, se enteraba de que se masacraba en el otro. "Amad a vuestro enemigo, bendecid a los que os maldicen, hacedles bien a los que os odian y orad por los que os usan con malevolencia y os persiguen. Porque si amáis a los que os aman, ¿qué recompensa tendréis?". No se cansaba de repetir a dondequiera que iba.

Los musulmanes pobres asistían a las reuniones de Gandhi y oraban con él, aunque los musulmanes ricos y cultos los amenazaran con sanciones económicas. Pero su tenacidad pudo más que la oposición y poco a poco congregó musulmanes e hindúes en todas las aldeas por

"Mi misión actual es la más difícil de mi vida. Los hindúes y musulmanes deben aprender a convivir en paz y unidad. De lo contrario, moriré en la tentativa".

—GANDHI

las que pasaba. Los gestos de hermandad comenzaron a brotar espontáneamente entre las gentes del campo, y los aldeanos que habían abandonado sus casas por temor comenzaron a regresar.

Gandhi logró en muchas regiones crear un vínculo humano entre hindúes y musulmanes, antes de que la política y las leyes elevaran un muro entre ellos.

Entre tanto, el tema de la Asamblea Constituyente seguía sin resolverse. La Liga Musulmana se negaba a colaborar con la constitución de la India libre, e Inglaterra, con las manos atadas, no encontraba a quién ceder el poder.

La populosa provincia de Punjab, hogar de musulmanes, hindúes y *sikhs*, no escapó a los hechos violentos, y se contempló entonces la posibilidad de dividirla en dos provincias, de tal manera que el sector con predominio musulmán pudiera ser separado del sector donde predominaban los hindúes y *sikhs*. Se aceptaba así la formación de un Pakistán menor: el Pakistán de hoy.

Gandhi viajó entonces hacia el Punjab, donde corrían ríos de sangre musulmana, y condenó los actos violentos. Recibió entonces el telegrama de un hindú que le advertía no condenar a los hindúes por los hechos cometidos, a lo que Gandhi respondió públicamente: "Yo renunciaría a mi pretensión de ser hindú, si apoyara las fechorías de algunos hindúes". Rogó que pusieran fin al boicot económico y los actos hostiles contra los musulmanes, pero ni un solo hindú se puso de pie para respaldar su moción. El sombrío pensamiento de que su pueblo, o por lo menos un amplio sector, le estaba dando la espalda, cubrió la cabeza de Gandhi, y no estaba equivocado.

El 22 de marzo de 1947 arribó a la India lord Mountbatten, el último de los virreyes ingleses, y su primer acto como representante del rey fue reunirse con Gandhi y Jinnah. La misión de Mountbatten era retirar a los ingleses de la India, a más tardar, en junio de 1948. Personalmente, estaba convencido de que lo mejor era mantener a la India

> "Me opongo a la división de la India, como me he opuesto siempre. Pero, ¿qué puedo hacer? Lo único sería no asociarme a semejante proyecto. Nadie puede obligarme a aceptarlo, salvo Dios".
>
> —Gandhi

unida y quiso escuchar a los dos líderes por separado, buscando la mejor manera de negociar con ellos. Jinnah se mostró inamovible en su posición de dividir. Por su parte, el Congreso mostró disposición de ceder, en aras de evitar una guerra civil, negándose a permitir que grandes zonas de la India pasaran al poder de Pakistán.

Después de muchas conversaciones con Jinnah, éste finalmente convino con la partición como la propuso el Congreso con el aval inglés. Gandhi jamás lo aceptó. Confió hasta su muerte que se revertiría esa decisión.

Dieciséis

Un malhechor no puede castigar a otro.

—Gandhi

La división de la India causó la muerte de centenares de miles de hindúes y el desarraigo de 15 millones que se convirtieron en refugiados, pérdidas económicas en todo el territorio y un resentimiento religioso-nacionalista de grandes proporciones. Provocó también la guerra de Cachemira que aún hoy, más de 50 años después, sigue cobrando víctimas.

La división de Bengala, tan perjudicial para musulmanes como para hindúes, trasladó las acciones violentas a la misma casa de Gandhi. Allí llegó una turbulenta multitud, llevando el cadáver de un hindú que había sido brutalmente asesinado por musulmanes. La enardecida multitud no quiso escuchar a Gandhi, y arremetió contra él y destrozó su casa. La policía disolvió a la turba con gases lacrimógenos y retornó una tensa calma.

Gandhi intentó un último recurso buscando la reconciliación, y se declaró en un ayuno hasta la muerte. No le importaba morir. Prefería la muerte a ver cómo se destrozaban unos a otros y a sentir que los 30 años de trabajo en favor de la unidad no habían dado ningún resultado.

No quiso la asistencia de médicos como en otras ocasiones; simplemente no le importaba morir.

Aunque las decisiones tomadas iban en contra de los deseos de Gandhi, nadie quería la muerte del Mahatma. Cientos de personas se movilizaron, para disuadirlo. Delegaciones de asesinos y caudillos de bandas fueron hasta su casa a pedir la suspensión del ayuno; también lo visitaron musulmanes destacados, comerciantes y obreros hindúes, cristianos y *sikhs*. Todos juraron en su presencia que no habría más disturbios y lloraron ante la imagen moribunda de Gandhi. Él les creyó, pero quiso esta vez que dejaran este propósito por escrito y advirtió que si lo incumplían, entraría en un ayuno irrevocable, que finalizaría sólo con su muerte. Pero no fue necesario: ellos cumplieron su palabra.

Los hechos que siguieron sólo demostraron la imposibilidad de atenuar las consecuencias que todos habían previsto y que los llenaban de vergüenza, pero contra lo cual ya nada podían hacer.

A finales de septiembre de 1947, se inició el Gran Éxodo. Quince millones de infortunados seres humanos se alejaban de sus hogares, hacia la miseria. Millones de hindúes y *sikhs* huyeron de los cuchillos de los musulmanes; y de la unión india hacia Pakistán, se desplazaban otros tantos millones de musulmanes que temían las dagas y los palos de los hindúes y *sikhs*. Huían en carretas tiradas por bueyes o a pie. Los débiles, los ancianos, los niños y los enfermos se iban rezagando por el camino y eran muchas veces abandonados a su suerte. A veces se encontraban por el camino caravanas opuestas, y del cansancio y la debilidad surgía la fuerza necesaria para enfrentarse ferozmente.

El gobierno de Nehru instaló, en las cercanías de Delhi, campamentos para contener a los inmigrantes antes de que inundaran la ciudad. Pero aun así, multitudes llegaron a las ciudades y saquearon los comercios, e invadieron los patios y portones de las casas en busca de refugio. A aquella ciudad de locos y muertos, Gandhi intentó llevar la palabra de Dios. Pidió que entregaran las armas y cesaran en su contienda político-religiosa. Se arriesgó a asistir a un mitin de 500 miembros de la *Rashtriya Sevk Sangha* (RSS), un cuerpo de paramilitares hindúes belicosos, salvajemente antimusulmanes, y les dijo que matarían al hinduismo con su intolerancia. Él era en realidad amigo de los musulmanes, los hindúes y los *sikhs*, y así lo manifestó.

Durante todo el día recorrió la ciudad, y el furioso mar humano se separaba cuando Gandhi caminaba entre ellos con el rostro sonriente y las manos juntas en el tradicional gesto de la bendición hindú. Condenó la violencia contra los musulmanes. En las reuniones realizadas para orar, recogió fondos para comprar cobijas a los refugiados. En los campamentos, los invitó a hilar y a limpiar los terrenos. Los reunía para orar y leía tanto textos del *Gita* como del *Corán*. Aquello era una lección viviente de tolerancia y disciplina. Buscó junto con sus antiguos colaboradores y sus seguidores pudientes conformar un grupo que se fundiera en una gran labor social, pero sin hacer política. En la política había tanta corrupción que lo asustaba. Después de Delhi, Gandhi pensaba en ir a Punjab y a Pakistán para pacificarlos. Ese era entonces su gran derrotero.

Aunque su labor pacifista mostraba resultados, aún era peligroso para los musulmanes salir a la calle, por lo que Gandhi decidió ayunar.

DIECISIETE

El nacimiento y la muerte no son dos estados distintos,
sino dos aspectos del mismo estado.

—GANDHI

El Mahatma Gandhi inició su último ayuno en la mañana del 13 de enero de 1948. Dirigido a la conciencia de todos, lo llamó "ayuno total", y como lo había prometido en la ocasión anterior, era definitivamente a muerte. Algunos lo acusaron de ayunar en favor de los musulmanes, y tenían razón: durante toda su vida había apoyado a las minorías y a los necesitados.

Al tercer día de ayuno solicitó al gobierno de Nehru pagarle a Pakistán 550 millones de rupias, lo equivalente a 125 millones de dólares, como parte de sus activos de la antigua India unida. Lo creía justo. El Congreso en pleno se opuso y Nehru visitó a Gandhi para explicarle la decisión. Ante su insistencia, el Congreso autorizó el pago de los 125 millones de dólares. Este gesto, que benefició a los musulmanes, indignó a un sector de fanáticos hindúes.

Una fila interminable de nacionales y extranjeros desfiló frente a la cama de Gandhi. Durante la mayor parte del tiempo se encontraba en cuclillas, envuelto en una sábana que sólo le dejaba ver la cara; tenía los ojos cerrados y parecía dormido o inconsciente. Cuando despertaba sonreía y parecía estar en paz consigo mismo. Estaba muy débil para asistir a la plegaria, pero desde su lecho habló y su discurso fue transmitido por la cadena radial Panhindú. "No se preocupen por lo que hacen los demás. Cada uno debe proyectar la luz de la linterna hacia adentro y purificarse el corazón lo más posible. Estoy convencido de que si se purifican lo suficiente, ayudarán a la India, abreviando así mi período de ayuno".

Gandhi fue revisado por los médicos al cuarto día de ayuno y advirtieron que aun cuando sobreviviera sufriría una lesión irreversible.

Durante los cinco días de ayuno un centenar de *sikhs*, musulmanes, cristianos, judíos, miembros del RSS, comisionados de Pakistán, Nehru y los representantes del congreso indio, revisaron sus conciencias, discutieron y finalmente un grupo de ellos se presentó ante Gandhi el 18 de enero, comprometiéndose por escrito a "proteger la vida, los bienes y la fe" de los musulmanes, garantizando la libre circulación de éstos en los sectores donde temían aparecer. Las mezquitas les fueron devueltas, los mahometanos que habían huído o se encontraban ocultos contaron con todas las garantías para regresar.

Gandhi se incorporó sobre su lecho y, con lágrimas en los ojos, agradeció a Dios el haber tocado los corazones de su pueblo: "Condúceme de la mentira a la verdad, de la tiniebla a la luz, de la muerte a la inmortalidad". En seguida, los miembros de *ashram* entonaron un himno religioso hindú y el himno cristiano favorito de Gandhi, quien dio por terminado el último de sus ayunos.

Al día siguiente recibió el comunicado de un funcionario de la Mahasabha, seguidor del RSS, repudiando el compromiso de paz de Delhi, y mientras se reunía con su grey a orar, una bomba detonó en los jardines de su casa. El joven agresor fue detenido y al interrogarlo confesó querer matar a Gandhi. Extremistas hindúes condenaban la actitud de los musulmanes en Pakistán, donde sus hermanos eran víctimas de atrocidades que parecían no importar a Gandhi. Les desconcertaba el poder que ejercía el Mahatma sobre la gente y cómo lograba cumplir siempre su voluntad. El hecho de haber conseguido el pago de los 500 millones de rupias, más la idea de mezclar en las oraciones textos del *Corán*, era ya intolerable. Viendo que no había ningún arma efectiva en contra de ese movimiento de masas, habían tomado la decisión de asesinarlo.

Gandhi no se preocupó y perdonó a su agresor. Le quitó toda trascendencia tanto al comunicado como a la declaración. Se había entregado por completo a Dios, y cualquiera que fuera su suerte, la esperaba y aceptaba sin prevenciones. Siguió con sus jornadas de unificación, que se trasladaron también al Congreso. Le preocupaba que Nehru y el primer ministro Sardar Patel no estuvieran de acuerdo en muchos puntos y les pidió permanecer unidos.

A las cinco de la tarde del 30 de enero de 1948, Gandhi se dispuso como todos los días a presidir la oración. Cuando faltaban pocos metros para llegar al estrado de madera sobre el cual se sentaba durante los servicios religiosos, se interpuso en su camino Nathuram Vinayak Godse. Este era un hindú de treinta y cinco años de edad, editor de un importante semanario de la ciudad de Poona, y un brahmán de alta jerarquía.

Godse no sentía odio personal contra Gandhi; sin embargo, él y un grupo de conspiradores pensaban que si podían librarse de él, los musulmanes quedarían indefensos y entonces los hindúes estarían en libertad de atacar Pakistán y reunificar la India.

Frente a 500 hombres y mujeres que se inclinaron a los pies del Mahatma, Godse sacó el revolver que guardaba en su bolsillo y a menos de un metro de distancia disparó los tres tiros que terminaron con la vida de Gandhi.

Junto con la sonrisa que se borró de su rostro, mientras se encomendaba a Dios en el momento de su muerte, desaparecieron las de miles de hindúes y musulmanes que iniciaron un desolador camino hacia la estabilidad gubernamental.

La unión india, tuvo que hacer frente a graves problemas como la pacificación de la frontera con Pakistán, afectada por el éxodo masivo de millones de personas en los dos sentidos, la resolución de los problemas económicos derivados de la partición del país, la necesidad de impulsar la industrialización y el progreso económico y social, y la estructuración de la federación compuesta inicialmente por 362 estados. La Constitución aprobada en 1950 estableció la India como una república democrática de estructura federal y con un sistema parlamentario bicameral, al tiempo que se abolía el sistema de castas.

Desde 1947 hasta su muerte en 1964, Jawaharlal Nehru se mantuvo en el poder, impulsando una política de economía mixta en el interior, mientras buscaba una política de no alineamiento frente a las grandes potencias.

Jinnha fue nombrado primer ministro de Pakistán, ejerciendo mano dura contra los hindúes que no habían podido dejar el territorio ahora musulmán.

A pesar de que Gandhi murió a manos, precisamente, de un hindú, el pueblo de la India creyó en sus enseñanzas, y aún hoy en día honra su memoria.

CRONOLOGÍA ESENCIAL

1869: Nace en Porbandar, India.

1882: Contrae matrimonio con Kasturbai Nakanj.

1888: Primer viaje a Inglaterra.

1891: Obtiene el título de abogado y regresa a la India.

1893: Se traslada a Sudáfrica, en donde trabaja a favor de los indios residentes en ese país.

1915: En la India de nuevo, se une al Movimiento Nacional Indio.

1919: Masacre de Amritsar.

1922: Primera Campaña de desobediencia civil. Es encarcelado.

1929: Masacre de Jullianwalla.

1930: Marcha de la sal.

1931: Viaja a Londres para participar en la Conferencia de la Mesa Redonda.

1932: Encabeza la campaña a favor de los intocables.

1940: Se opone a la intervención india en la guerra.

1947: Independencia de la India. Separación de Pakistán.

1948: Muere asesinado por un fanático hindú en Nueva Delhi.

El personaje y su obra

Gandhi fue el gestor de la liberación de la India del yugo del gobierno británico, y en esta labor dejó una herencia invaluable a los ciudadanos y a los gobiernos de todo el mundo a través de tres principios básicos:

1. Resistencia pacífica: a través de marchas, oraciones públicas, ayunos y huelgas de hambre.

2. No cooperación: a través del boicoteo a los tribunales, escuelas y fábricas inglesas en el territorio indio.

3. Desobediencia civil: entendiéndola como la violación intencional, organizada, pública y responsable de una ley considerada injusta.

En 1906 Gandhi dirigió la primera campaña de *satyagraha* dirigida a abolir la orden de registro que debían llevar todos los ciudadanos hindúes residentes en Sudáfrica.

En 1910 Fundó la Granja Tolstoi, donde se refugiaron las familias de los hindúes presos en Sudáfrica, conformando una colonia cooperativa.

En 1914 logró valiosas concesiones con el gobierno inglés, a favor de los residentes hindúes en Sudáfrica, luego de lo cual regresó a la India para trabajar allí en sus campañas en contra de la discriminación.

En 1930 Gandhi encabezó la "Marcha de la sal", cuyo fin era abolir el impuesto que pesaba sobre la sal, monopolizada por los ingleses. Logró que dicho impuesto se echara abajo y que los habitantes de las costas pudiesen explotarla y comercializarla.

En 1932 realizó lo que se conoció como el "ayuno épico" hasta la muerte, con el cual buscaba influir sobre las leyes que oprimían a los descastados o intocables de la India, logrando para ellos concesiones y beneficios que nunca habían tenido.

En 1947 se logró la independencia de la India, aunque no fue del todo satisfactoria para Gandhi, ya que condujo a la separación de Pakistán.

Gandhi fue director y redactor de varios periódicos en contra del gobierno inglés, donde exponía sus puntos de vista y a través de los cuales logró hacerse conocer entre la población hindú.

Escribió también su autobiografía.

Bibliografía

Fisher, Louis, *Gandhi, su vida y sus enseñanzas*, Vergara, Buenos Aires, 2000.

Meile, Pierre, *Historia de la India*, Ed. Universitaria de Buenos Aires, Argentina, 1962.

Mejía Prieto, Jorge, *Biografía Espiritual de Mahatma Gandhi*. Editorial Universo S. A. de CV, México. 2° Edición, enero de 1991.

Bianco, Lucien, *Asia Contemporánea*, Historia Universal Siglo XXI. Buenos Aires, 1975.

Biblioteca histórica, grandes personajes. "Gandhi", Urbión, Barcelona, 1984.

Páginas de Internet
www.indembassyhavana.cu/indiasheets
web.mahatma.org.in
www.engagedpage.com/gandhi.html
www.gandhiinstitute,org
www.organizacipnislam.org.ar

Película
Gandhi, dirigida por Richard Attenborough, 1982.

SUMARIO

Este libro se terminó de imprimir en el mes de septiembre
del año 2005 en los talleres bogotanos
de Panamericana Formas e Impresos S. A.
En su composición se utilizaron tipos
Sabon, Bodoni Poster y Akzidens Grotesk
de la casa Adobe.